바울의 영성신학

바울의 영성신학

초판 1쇄 인쇄 2018년 7월 10일
초판 1쇄 발행 2018년 7월 16일

지 은 이 오우성
펴 낸 이 신일희
펴 낸 곳 계명대학교 출판부
출판등록 제347-1998-1호(1970. 9. 1)
주 소 대구광역시 달서구 달구벌대로 1095
대표전화 053-580-6233
팩 스 053-580-6235
홈페이지 www.kmupress.com

ISBN 978-89-7585-824-6 93230 값 14,000원

이 도서의 국립중앙도서관 출판예정도서목록(CIP)은 서지정보유통지원시스템 홈페이지(http://seoji.nl.go.kr)와 국가자료공동목록시스템(http://www.nl.go.kr/kolisnet)에서 이용하실 수 있습니다.(CIP제어번호: CIP2018021071)

바울의 영성신학

오우성

빛을여는책방

서문

21세기에 접어들면서 사회와 교회에서는 영성에 대한 관심이 점점 커지고 있다. 영성이 무엇인지 분명하게 정의되지도 않은 상황에서, 이런 추세에 부응해서 등장하는 현대 사회의 영성은 점차 다원화되고 혼합주의적인 현상을 드러내고 있다. 이런 현상은 교회에서도 나타난다. 적지 않은 교인들이 세상의 다양한 영성수련에 끌리면서 여러 가지 문제들이 발생한다. 그래서 기독교 영성에는 성경의 진리에 근거한 규범과 분별 기준이 반드시 필요하다. 성경의 진리는 우리의 구체적 삶속에서 길을 인도하고 다양한 문제들을 해결하는 하나님의 능력이다. 기독교 영성에 대한 정의가 많지만, 저자는 성경의 진리에 따라 살면서 삶의 다양한 문제들을 성경의 진리에 따라 해결할 수 있는 능력이 곧 기독교 영성이라고 생각한다.

성경의 진리를 체계적으로 다루는 학문이 신학인데, 이 신학은 영성과 분리될 수 없다. 다시 말하면, 신학도 우리의 삶을 인도하고 구체적인 삶의 문제들을 해결할 수 있어야 한다. 신학이 영성의 기초가 없으면 사변적, 관념적, 교리적으로 되고, 영성이 신학의 기초가 없으면 극단적 신비주의, 금욕주의, 미신적 신앙으로 변질된다. 우리는 신학과 영성을 잘 조화시킨 바울에게서 영성신학의 모범을 발견할 수 있다. 바울 신학은 그의 삶과 분리시킬 수 없다는 의미에서 본질적으로 영성신학이다. 다시 말하면, 바울의 영성신학은 그의 삶과 신학의 융합이다. 바울의 영성신학적 수고는 그가 신들과 다양한 영들이 많은 이방 지역에서 선교하는 데 필연적으로 감당해야 할 그의 사명이었다. 그가 이방인의 사도로 부르심 받은 사실은 그가 이방인들의 신들과 영들 가운데서 여호와 하나님의 영을 엄격히 구분하는 영성신학적 수고를 감당해야 함을 의미한다.

바울의 영성신학은 그의 삶의 구체적인 현실에서 태어난 것이다. 그는 위대한 사도요, 열정적인 선교사요, 뛰어난 신학자였지만, 그의 삶에는 고난이 끊이지 않았다: "우리가 이 직분이 비방을 받지 않게 하려고 무엇에든지 아무에게나 거리끼지 않게 하고 오직 모든 일에 하나님의 일꾼으로 자천하여 많이 견디는 것과 환난과 궁핍과 고난과 매맞음과 갇힘과 난동과 수고로움과 자지 못함과 먹지 못함 가운데서도"(고후 6:3-5). 그런데, 놀랍게도, 이런 고난 가운데서도 그는 이 모든 것을 이길 수 있는 비결을 배웠다고 말한다: "... 어떠한 형편에든지 나는 자족하기를 배웠노라 나는 비천에 처할 줄도 알고 풍부에 처할 줄도 알아 모든 일 곧 배부름과 배고픔과 풍부와 궁핍에도 처할 줄 아는 일체의 비결을 배웠노라"(빌 4:11-12). 그가 이 비결을 터득하였기에 그 어려운 상황 가운데서도 그는 이런 삶을 살 수 있었을 것이다: "깨끗함과 지식과 오래 참음과 자비함과 성령의 감화와 거짓이 없는 사랑과 진리의 말씀과 하나님의 능력으로 의의 무기를 좌우에 가지고 영광과 욕됨으로 그러했으며 악한 이름과 아름다운 이름으로 그러했느니라…"(고후 6:6-8). 그가 배운 그 "일체의 비결"은 무엇일까? 이 비결은 그의 신학과 어떤 관련이 있을까? 우리는 이 질문들에 대한 답을 그의 영성신학에서 찾을 수 있으리라고 기대해 본다.

우리 시대의 많은 사람들은 겉 사람의 아름다움과 새로움을 추구한다. 그러나 우리 시대도 변화의 조짐이 보이고 있다. 겉 사람의 아름다움과 새로움에 지친 사람들이 속사람의 능력과 기쁨에 눈을 뜨고 있다. 이런 변화의 시대에 사도 바울은 또 한 번 새 시대를 여는 선구자가 될 것이다. 오늘 우리도 바울에게서 그의 신앙과 삶을 잘 배우면 우리에게 맡겨진 삶과 직분을 잘 감당할 수 있을 것이다.

이 책은 저자가 이제까지 쓴 바울신학에 관한 논문들과 기독영성상담연구소에서 바울의 영성이란 주제로 강의한 내용을 수정하여 편집한 것이다. 부족한 강의를 열심히 듣고 피드백해준 연구소 회원 여러분들에게 감사의 마음을 전하고 싶다. 그리고 이 책이 세상에 나오기까지 여러모로 수고해주신 계명대학교 출판부 여러분들께 감사를 드린다.

목차

제4장

개척의 영성: 선교와 생계비 문제

제5장

바울의 영성수련

제6장

영성지도의 원리와 지침

들어가는 말

바울이라고 하면 우리는 어떤 생각이나 이미지가 떠오를까? 어떤 학자는 이렇게 이야기 한다: 예수님을 지나서 바울이라는 거대한 산이 있는데 그 산을 지나지 않고서는 결코 기독교를 이해할 수 없다. 이 말은 바울에 대한 이미지를 잘 표현하고 있다고 생각한다. 즉, 바울을 '거대한 산'에 비유한 것이다. 거대한 산을 좋아하는 사람도 있지만 싫어하는 사람도 많을 것이다. 누구든지 거대한 산을 만나면 위압감을 느끼고 감히 도전하고 싶은 생각이 없게 될 것이다. 그러한 이미지의 인물이 바로 바울이라는 것이다. 이 이야기는 바울 신학과 교리는 기독교 신학 중 가장 난해하고, 복잡하고, 다양하여 그 어느 누구도 전체를 다 조망하기 어렵다는 것을 말하고 있다. 따라서 오늘날까지도 바울은 학자들로 하여금 그의 사상과 삶에 대해서 계속해서 토론하고 연구하게 한다. 하지만, 이 거대한 산, 피하고 싶다하여 피한다면 우리는 진정한 기독교를 이해할 수 없다. 이 산을 넘어야만 구원, 믿음, 진정한 교회와 그리스도인이 무엇인가를 알 수 있다. 참으로 난감하고 부담스러운 이야기일 것이다. 데이빗 웬햄(Wenham)의 『바울. 기독교의 창시자냐 예수 그리스도의 종이냐』라는 저서 제목만 보아도 바울은 마치 기독교의 창시자가 된 것 같은 느낌이 들 만큼 큰 영향력을 발휘한 인물이다. 이 거대한 산을 넘기가 어렵겠지만 우리는 함께 넘어야 한다. 바라기는, 바울을 통해 증거 된 예수 그리스도를 믿음으로 그 산을 함께 넘길 기대해 본다.

유대인으로부터 시작되었던 복음, 그 구원의 대열 속에 어떻게 이방인이 들어올 수 있었을까? 이를 그 누구보다도 명료하게 설명하고 주창했던 이가 바울이었다. 그러니 이방인인 우리가 사도 바울의 은혜를 입은 바가 매우 크다고 할 수 있다. 반면, 유대인들에게는 바울이 미움의 대상이었고 그 미움이 컸다. 이는 유대인만이 독점했던 구원에 대하여 그가 "예수 그리스도 안에서는 이방인과 유대인이 차이가 없다!"라고 선포했으니, 유대인들이 바울을 참으로 싫어할 만하다. 그것은 구원의 대열 속에 우리 같은 이방인들이 초대된 사실을 신학적으로 확신시켜준 인물이 바로 바울이기 때문일 것이다. 바울은 이렇게 거대한 사역을 하였음에도 불구하고 자신을 소개할 때에 "나는 예수 그리스도의 종이다"라는 사실을 스스로가 분명하게 고백하고 있다.(롬 1:1, 빌 1:1)

이제까지의 바울 연구는 주로 그의 신학과 선교에 대해서 많이 이루어져 왔다. 바울이 쓴 서신서를 통하여 바울 신학을 연구할 수 있는데, 그 주요 내용은 신론, 기독론, 구원론, 성령론, 교회론, 종말론과 기독교 윤리 등이다. 바울의 신학과 더불어 중요한 것은 그의 선교사역이다. 그의 선교사역에 대한 자세한 내용은 사도행전을 근거로 하고 있는데, 바울은 자신이 회심하고 난 뒤에 거의 20년 이상을 소아시아(터키)와 그리스 지역을 1차, 2차, 3차 여행을 통하여 선교하였다. 그래서 바울연구는 신학적 측면뿐 아니라 이방인에게로 향한 선교적 측면도 매우 중요하다. 바울은 탁월한 지적 능력을 가지고 있음으로 해서, 그의 신학은 우리 기독교 신학의 모든 분야를 다루고 있다. 그러나 그는 신학적 연구를 위하여 한 자리에 머물러 있었던 인물이 아니라 그리스도의 종으로서 광활한 지역을 선교하였다. 어떻게 보면 바울 신학은 선교신학이라고 할 수 있다. 그는 유대인이든 이방인이든 모든 불신자를 대상으로 선교했다. 바울이 회심한 이후의 20년의 길은 갖가지 위험과 장애물, 적대자와 죽음이 도사리고 있는 길이었지만, 그는 그 길을 걷고 또 걸었다.

그동안 바울의 신학과 선교는 많이 연구되어져 왔으므로, 저자는 이 책에서 바울의 영성에 초점을 맞추어 보고자 한다. 신학과 선교 그리고 영성은 분리될 수 없는 분야이므로, 앞으로는 상대적으로 연구가 빈약한 바울의 영성분야에 더 많은 연구가 이루어져야 할 것이다.

바울은, 무엇보다도, 기도하는 사람이었다. G. D. 피(Fee)는 이 사실을 예리하게 간파하고 있다: "바울에 대한 연구를 하면서 알게 되는 매우 놀라운 모순들 가운데 하나는 바울 사상의 모든 면을 연구하는 수천 권의 책이 있지만 그의 기도 생활을 다루는 책은 소수라는 사실이다. 실제로 모든 사람들이 갖고 있는 바울에 대한 그림은 선교사 바울이나 신학자 바울 둘 중의 하나에 국한되어 있다. 그러나 바울 서신을 볼 때 분명한 것은 그가 선교사나 사상가이기 이전에 기도하는 사람이었다는 사실이다."[01] 바울은 누구보다 방언을 많이 했다: "내가 너희 모

01 G. D. 피, 길성남 역, 『바울, 성령, 그리고 하나님의 백성』(좋은씨앗, 2007), 201

든 사람보다 방언을 더 말하므로 하나님께 감사하노라"(고전 14:18). 그는 많은 환상을 체험하고, 치유와 신비로운 경험들을 했고, 자신뿐 아니라 수많은 사람들에게 영적체험을 하게 했던 사람이다. 바울은 그리스도와 연합된 신비한 체험 속에서 그의 사명을 감당해 낼 수 있는 힘을 공급받았다.

바울은 어떻게 그리스도와 동행하는 삶을 살 수 있었을까? 바울은 갈라디아 교인들에게 "내가 내 몸에 예수의 흔적을 가졌노라"(갈 6:17)라고 말하고 있을 정도였다. 그래서 그의 삶은 육신적으로 고통스러웠지만 그의 영혼은 평안을 노래하고 있다. 예수 그리스도의 죽으심과 사심, 그리고 함께하심이 자신의 삶 속에 그대로 경험되니 "오직 내 안에 그리스도께서 사신 것이라"라고 고백하였을 것이다. 우리는 이 책에서 바울이 고백한 이 삶과 사역의 여러 면을 영성이란 이름으로 다루어 보고자 한다.

바울이 부활의 주님을 만나기 이전 율법에 근거한 그의 삶과 신앙을 바리새인의 영성이란 주제로 다루어본다. 그리고 그가 부활의 주님을 만나는 강렬하고도 급진적인 체험과 소명을 다루고, 그가 그리스도로부터 받은 계시와 그것에 근거한 신학을 연구한다. 그는 기독교 신학과 교리를 체계화시켰을 뿐 아니라 그것을 열정적으로 전파했다. 그가 선교하면서 겪은 고난과 환난을 믿음으로 극복해 나가는 과정을 영성 수련이라는 주제로 다룬다. 마지막으로, 우리가 받은 은사들과 신비체험을 어떻게 이해하고 활용해야 하는지를 가르쳐 주는 바울의 영성 지도 원리와 지침을 연구하고, 종말의 때를 살아가는 우리들에게 주는 바울의 영성적 교훈을 살펴본다.

제1장

바리새인의 영성:

열심과 자기 의로 나타난 위선, 그리고 숨겨진 갈등

1) 율법: 의미와 종류

2) 자기 의와 합리화를 위한 율법

3) 율법과 죄와 사망의 고리

제1장

바리새인의 영성: 열심과 자기 의로 나타난 위선, 그리고 숨겨진 갈등

자랑하고픈 마음은 누구에게나 다 있다. 사도 바울은 회심 전의 삶을 이렇게 자랑하고 있다:

> 그러나 나도 육체를 신뢰할 만하며 만일 누구든지 다른 이가
> 육체를 신뢰할 것이 있는 줄로 생각하면 나는 더욱 그러하리니
> 나는 팔 일 만에 할례를 받고 이스라엘 족속이요 베냐민 지파요
> 히브리인 중의 히브리인이요 율법으로는 바리새인이요
> 열심으로는 교회를 박해하고 율법의 의로는
> 흠이 없는 자라(빌 3:4-6).

우리가 방대하고도 세세한 율법 체계를 생각하면 "율법의 의로는 흠이 없는 자라"라는 고백을 할 수 있는 사람들이 흔치 않을 것이다. 그런데 바울 당시 이런 자부심을 가진 사람들이 다수 있었다. 그들은 바리새파, 사두개파, 에세네파 등에 속한 사람들이었다. 그 중에서도 바

리새파 사람들은 당시의 이스라엘 사회에 강한 영향을 끼쳤다. 바울은 바리새파 사람(Pharisees)이었다.

갈라디아서 1:11-2:2은 사도 바울 자신이 자신의 생애를 기록한 것 중 가장 긴 부분이며, 바울의 생애를 이해하는 데 매우 중요한 자료라고 할 수 있다. 그는 회심 이전의 바리새인으로서의 삶을 이렇게도 이야기하였다: "내가 이전에 유대교에 있을 때에 행한 일을 너희가 들었거니와 하나님의 교회를 심히 박해하여 멸하고 내가 내 동족 중 여러 연갑자보다 유대교를 지나치게 믿어 내 조상의 전통에 대하여 더욱 열심이 있었으나"(갈 1:13-14). 이러한 진술들을 볼 때 회심 전의 바울을 알기 위해서는 율법이 무엇이며 그것을 다른 유대인들보다 더 열심히 지키고 교회를 박해한 바리새인들이 누구인지를 알아야 한다.

바리새파는, 역사적으로 보면, 주전 2세기에 세속화되어가는 유대교를 개혁하고자 했던 하시딤에서 기원하며 '분리된 자'라는 뜻이다. 그 당시의 역사적 정황을 보면 그들은 누구보다 존경 받았던 사람들이었다. 유대인들은 주전 8세기 이후로부터 앗시리아, 바벨론, 페르시아, 메대, 그리스, 로마에 이르기까지 제국들의 지배를 받는 삶을 살아왔다. 그러한 역사적 배경 속에서 율법을 잊고 사는 건 어쩌면 당연했을지도 모른다. 그렇게 신앙의 위기를 맞은 유대인들 속에서 하나님에 대한 신앙과 유대인의 정체성 찾고자 애쓴 사람들이 바리새인들이었다. 그렇게 보면 그들은 거룩하고 존경받을 만한 사람들이 아닌가! 바울은 바리새인 중에서도 누구보다 더 율법에 대한 열심을 가진 사람이었으니 얼마나 존경 받을 수 있었을까?

하나님께서 이스라엘 백성에게 율법을 주시면서 그들이 잊지 않도록 그 율법을 돌판에 새기게 하셨으나 삶이 너무 고달프고 힘들다 보니 그들은 율법을 잊게 되었다. 그런 중에서도 율법을 잊지 않았던 바리새인들의 문제는 하나님의 말씀을 온전히 깨닫지 못하고 형식적인 신앙생활을 하면서 다른 사람들을 정죄했다는 것이다.

유대교의 제2 경전이라고 할 수 있는 탈무드에 의하면, 당시 이스라엘에는 일곱 종류의 바리새인들이 있었다고 한다. 1) 잠시 대기형은 율법에서 정한 선행을 해야 한다는 것은 잘 알지만 여러 가지 이유들로 항시 선행을 기피할 구실을 찾고 있는 사람들이다. 2) 멍든 상처형은 불의나 불결함을 보지 않으려 눈을 감고 다녔다고 한다. 그러다 보니 늘 부딪히고 넘어져 멍이 들고 다치게 되는 것이다. 3) 어깨 으쓱형은 자신이 행한 선한 일로 인하여 어깨에 힘주고 살아가는 형이다. 누가복음 18:9-14에서 우리는 그런 바리새인을 만날 수 있다. 바리새인은 "저는 저 세리와 다릅니다"라고 하면서 자기 의를 자랑한 것이다. 4) 곱사등형(겸손형)은 하나님께서 교만하지 말라 하시니 항상 겸손하기 위하여 굽신거리는 형이다. 이 겸손은, 물론, 마음 깊은 곳의 겸손이 아니라 형식적이다. 5) 계산형은 취침 전 오늘 행한 선행이 무엇이었던가 손꼽아 헤아리고 계산한다고 한다. 그러다보니 자신의 악행은 헤아리지 못했을 것이다.

위의 유형들은 부정적인 평가를 받았던 바리새인들이었다. 이에 반해서, 긍정적인 평가를 받았던 바리새인들도 있었다. 6) 하나님 경외형은 진실되게 하나님을 경외하던 바리새인들이었다. 그리고 7) 하나님 사랑형도 하나님을 사랑하는 참 아들이요, 참 아브라함의 아들 같은 사람들이었다.[02] 그러나 뒤의 두 그룹은 소수였고 바리새인의 전체적인

---

02 B. M. 메츠거, 나채운 역, 『신약성서개설』(대한기독교출판사, 1987), 39.

이미지에 큰 영향을 미치지 못했다. 그러면 이 모든 유형의 바리새인들이 한결같이 그토록 열심을 내었던 율법은 무엇인가?

1) 율법: 의미와 종류

구약성경에서 핵심이 되는 책을 율법서라고 하는데, 이 율법이라고 하는 단어는 히브리어로 토라(Torah)라고 한다. 이 율법서를 다른 말로 하면 모세오경(창세기, 출애굽기, 레위기, 민수기, 신명기)이라고 한다. 율법의 1차적 의미는 모세오경 속에 들어있는 계명을 의미한다. 바울이 로마서 7:9에서 "전에 율법을 깨닫지 못했을 때에는 내가 살았더니 계명이 이르매 죄는 살아나고 나는 죽었도다"라고 언급하고 있는데, 이 구절에서 번갈아 가면서 사용된 율법이나 계명은 같은 의미를 띄고 있다고 이해해도 될 것이다.

이렇게 모세가 기록했던 다섯 권의 책이 계명과 율법에 대한 가장 본질적인 책이라고 할 수 있는 것이다. 바울이 언급한 계명과 율법은 바로 이 다섯 권의 책 속의 10계명과 다른 여러 율법을 일컫는 것이다. 율법의 광범위한 의미는 구약성경 전체를 일컫기도 한다. 왜냐하면 구약성경이 세 부분 즉, 율법서, 예언서, 성문서로 나뉘기도 하지만, 구약성경 전체를 율법과 선지자라 부르기도 한다. 그 예가 마태복음 7:12의 황금률에 나타난다: "그러므로 무엇이든지 남에게 대접을 받고자 하는 대로 너희도 남을 대접하라 이것이 율법이요 선지자니라".

모세오경은 두 가지 문학 형식으로 기록되어 있다. 그것은 히브리어로 할라카와 하가다라 하는데, 할라카는 '하라' 혹은 '하지마라'는 명령형의 계명이 들어있는 부분이고, 하가다는 주로 이야기로 되어진 부분이다. 모세오경의 율법을 내용 중심으로 보면 네 가지로 나눌 수 있다: 근본법, 의식법, 윤리법, 실정법. 근본법은 가장 핵심적 법으로써 십계명 중 1-4계명이 이에 속한다. 즉, 하나님의 신성과, 하나님과 우리와의 관계를 규정하는 가장 핵심적인 법이기에 근본법이라고 하며, 이 법은 기독교에서도 핵심적인 법으로 다루어지고 있다. 의식법은 주로 레위기에 많이 들어가 있는데, 제사 관계와 종교 의식을 규정하는 법으로서 제사의 종류, 제사의 효력, 제사 절차 등을 다루는 법이다. 윤리법은 하나님의 백성으로서 당연히 지켜야 될 법으로서 대표적으로는 십계명 중 5-10계명이 여기에 해당되며, 인간 상호 간의 규율과 윤리기준을 다룬다. 마지막으로 실정법은 일반 국가의 형법과 민법과도 같다. 일반적인 범죄 행위와 처벌에 관한 규정들과 손해배상 문제 등 형법과 민법에 해당되는 내용들이 포함되어 있다. 이 법은 어떤 국가나 집단이든 간에, 가족이나 사람 간에 문제가 일어날 때에 해결할 수 있는 기준이라고 이해하면 좋을 것이다. 이스라엘의 율법이 다른 민족의 법과 다르고 독특한 것이 있다면, 하나님의 신성을 가르쳐주는 법이 있다는 것이다.

하나님께서 모세를 통해 이 법을 주셨을 때, 당연히 이 법은 한 개인이나 가족, 그리고 사회나 민족을 살리게 하기 위한 것이다. 이 법은 사람들이 하나님을 바르게 예배하고 사회가 질서를 유지하고, 가족이 번성하고, 행복하게 살게 하기 위한 법이다. 그런데 바울은 어떻게 해서 "전에 율법을 깨닫지 못했을 때에는 내가 살았더니 계명이 이르매 죄는 살아나고 나는 죽었도다(롬 7:9)", "생명에 이르게 할 그 계명이 내게 대하여 도리어 사망에 이르게 하는 것이 되었도다(롬 7:10)"라고 말할 수 있는가? 여기서 "계명이 이르매 죄는 살아나고 나는 죽었다"라는 의미는 무엇일까? 율법은 당연히 하나님께서 우리를 살리게 하시려는 법이지 않은가?

여기서 우리는 어려운 문제에 봉착하게 된다. 당연히 생명을 주어야 할 계명과 율법이 어떻게 해서 우리에게 사망을 가져다주는 걸까? 어떻게 해서 계명과 율법이 없을 때는 오히려 내가 살았었는데, 계명과 율법이 생긴 다음에는 죄가 살아나고 나는 죽게 되는 걸까? 바울은 어떤 경험을 하였기에 이런 진술을 하고 있는가? 이 문제에 대해서 많은 학자들이 많은 방법으로 설명하고 있지만 역시 난해한 구절이라 할 수 있다. 여기서 바울은 율법의 기능에 대해서 말하고 있는 것이므로, 우리는 지금부터 율법에는 어떤 기능이 있는지를 살펴보고자 한다.

율법의 첫 번째 기능은 계몽적 기능이다. 바울은 "이로 보건대 율법은 거룩하고 계명도 거룩하고 의로우며 선하도다"(롬 7:12)라고 말한다. 이것은 율법이 우리에게 하나님을 알게 하여 생명으로 인도하는 계몽적인 기능을 가지고 있다는 것이다. 율법으로 말미암아 우리가 하나님을 알게 되고, 율법으로 말미암아 우리가 하나님께로 가까이 갈 수 있다. 이것이 율법의 계몽적 기능이다.

율법의 다른 기능은 정죄 기능이다. 바울은 말한다: "... 율법으로 말미암지 않고는 내가 죄를 알지 못하였으니 곧 율법이 탐내지 말라 하지 아니하였더라면 내가 탐심을 알지 못하였으리라"(롬 7:7). 이 구절의 뜻은 율법이 죄를 정하고 깨닫게 하는 정죄 기능이 있다는 말이다. 율법의 이 기능은 죄가 무엇인지를 알게 하는 기능이다. 율법에는 "하라"

고 명령했는데 하지 않으면 죄이고, "하지 말라"고 명령했는데 하면 죄라는 것을 알게 하는 기능이 있다. 만약에 율법이 "탐내지 말라"고 해주지 않았더라면, 우리는 탐심이 죄인 줄 알지 못했을 것이다. 그래서 우리는 율법이 있음으로 말미암아 죄를 알게 된다. 그뿐 아니라, 율법은 그 죄에 해당하는 형벌이 있음을 또한 알게 해 준다. 율법은 그 형벌이 사망에 해당하는 것인지, 태장에 해당하는 것인지, 구금에 해당하는 것인지를 정해준다. 모든 율법은 그 뒤에 형벌이 붙어있다. 그래서 "모든 법에는 깨무는 이(처벌)가 있다(Every law has teeth in it)"는 말이 있다. 만일 법을 지키지 않으면 고통스러운 대가를 치러야 한다.

여기까지는 일반적으로 이해가 되지만, 율법의 세 번째 기능은 상당히 논란이 되는 기능이라 할 수 있다. 바울은 로마서 7:8-9에서 이렇게 말한다: "그러나 죄가 기회를 타서 계명으로 말미암아 내 속에서 온갖 탐심을 이루었나니 이는 율법이 없으면 죄가 죽은 것이라 전에 율법을 깨닫지 못했을 때는 내가 살았더니 계명이 이르매 죄는 살아나고 나는 죽었도다". 이 구절은 율법의 유발적 기능을 말하고 있다. 이 구절은 심리학적 설명이 필요한 부분이다. 예를 들면, 옛 속담에 "숨어서 먹는 곶감이 더 맛있다"는 말처럼 "하지 말라" 하는 것을 하면 더 재미있고 더 하고 싶어지는 심리가 사람에게는 있다.

그 반면, "하던 짓도 멍석 깔아 놓으면 안 한다"라는 옛 속담처럼, 사람은 "하라"하면 더 하기 싫은 욕구 또한 있다. 바로 이런 욕구가 우리의 죄성을 유발시키는 기능을 하는 것이다. 율법이 없어서 "하라" 혹은 "하지 말라"는 요구가 없었을 때는 우리 속에 죄성이 잠재해 있었다. 그러나 율법이 주어짐으로써 그 잠재되었던 욕망(죄성)이 살아나기 시작하고 우리를 사망에 이르게 한다. 율법이 우리 속의 죄성을 일깨우는 이 현상을 존 번연은 그의 『천로역정』에서 비유로서 이렇게 설명하고 있다.

> 이윽고 해석자는 직접 크리스천의 손을 이끌고 어떤 매우 넓은 객실로 데려갔는데 그곳은 여태껏 한번도 청소를 하지 않아서 온통 먼지 투성이였다.
>
> 해석자는 잠시 동안 그곳을 둘러보더니 하인을 불러 청소를 하라고 시켰다. 그래서 하인이 방을 청소하기 시작했을 때 어찌나 먼지가 많이 일어나는지 크리스천은 거의 질식할 정도였다.
>
> (중략)
>
> 크리스천: 이것은 무엇을 의미합니까?
>
> 해석자: 이 객실은 복음의 달콤한 은혜로 성화된 일이 한 번도 없는 인간의 마음입니다. 먼지는 인간의 원죄를 의미하며 또 모든 인간을 이렇게 만드는 내면의 부패를 의미합니다. 처음 이 방을 쓸기 시작한 사람은 율법(Law)입니다.
>
> (중략)
>
> 당신도 잘 보셨다시피 처음에 율법이 방을 쓸기 시작하자 먼지가 일어나 온 방을 채웠기 때문에 방이 깨끗해지기는커녕 더 더러워지고 당신은 거의 질식해 버릴 지경이었지요.
>
> 이는 율법이라는 것이 죄를 발견하고 금지시키기는 하지만 아예 죄를 뿌리 뽑지는 못하기 때문에 인간의 마

음을 청소하려 들다가는 오히려 영혼의 죄를 소생시키고 힘을 돋우어 더 증가하게 만들 뿐이라는 것을 당신에게 보여 드리기 위한 것입니다.[03]

회심전 바울은 율법의 이 기능을 잘 알지 못했다. 단지 그는 율법을 문자적으로, 관습적으로 열심히 지키기만 하면 하나님의 의를 이룰 수 있다고 믿었다. 그러나 우리가 율법의 본질을 깨닫지 못하고 문자적으로 관습적으로 그것을 지키기만 할 때, 우리에게 어떤 일이 일어나는가?

2) 자기 의와 합리화를 위한 율법

우리 속의 죄성은 율법을 우리의 목적을 성취하거나 욕구를 충족시키는 수단으로 이용한다. 이것이 율법을 성취수단으로서 이용하는 문제다. 우리가 율법과 계명을 지키는 목적이 하나님께 가까이 가기보다는 사람들에게 보이려는 데 있을 때 이런 현상이 나타난다. 이때의 율법은 하나님 앞에서의 율법이 아니라 사람을 의식하고 형식에 집착하는 율법이다. 이렇게 되면 우리가 하나님과는 멀어지고 사람 앞에서 계

---

03 존 번연, 유성덕 역, 『천로역정』(크리스천다이제스트, 2012), 65-66

명과 율법을 지키는 데 더 익숙한 신앙생활을 하게 된다. 이때 우리는 우리가 율법을 성취했다는 교만(자기공로)에 빠지기 쉽다. 이런 위험은 신앙경륜이 높고 직분을 가진 자에게 더 쉽게 다가온다.

자기 의를 위한 율법이란 예수께서 강력하게 비판하던 바리새인의 율법관으로서, 율법 자체가 자기 공로를 쌓아두는 수단이나 도구가 된다는 것이다. 율법을 잘 지킴으로써 하나님의 뜻을 알아가는 것이 아니라, 오히려 율법을 지키지 않는 사람들을 멸시하고 판단하고 정죄하게 된다. 그리고 자기 자신은 하나님 앞에서 교만하게 된다.

누가복음 18:11-13을 보면, 바리새인이 이것을 잘 나타내고 있다.

> 바리새인은 서서 따로 기도하여 이르되 하나님이여 나는 다른 사람들 곧 토색, 불의, 간음을 하는 자들과 같지 아니하고 이 세리와도 같지 아니함을 감사하나이다 나는 이레에 두 번씩 금식하고 또 소득의 십일조를 드리나이다 하고 세리는 멀리 서서 감히 눈을 들어 하늘을 쳐다보지도 못하고 다만 가슴을 치며 이르되 하나님이여 불쌍히 여기소서 나는 죄인이로소이다 하였느니라

이 이야기에서 예수님의 판정은, 놀랍게도, 진심으로 참회하는 세리 편이었다: “내가 너희에게 이르노니 이에 저 바리새인이 아니고 이 사람이 의롭다 하심을 받고 그의 집으로 내려갔느니라…”(눅 18:14).

바울 시대의 율법은 바리새인에게 하나님 앞에서 공로 세우는 교만의 수단이 되었다. 그 율법은 타인과 자신을 구별하고, 분리시키고, 진정한 하나님의 뜻과는 멀어져가게 하는 수단이 된 것이다. 그러면, 율법이 왜 공로의 수단이 될까? 하나님의 율법에 대한 참된 뜻을 찾아가

는 과정에서 율법이 변질되어 갔다. 율법이 변질되어 가는 과정을 이렇게 정리해 보면 이해가 쉬울 것 같다. 안식일 문제를 예로 들어보자. 안식일 문제는 예수 그리스도와 바리새인들 간에 가장 격렬한 논쟁이 되었던 문제였다. 이 안식법은 십계명 중에서 네 번째 계명과 다른 율법 조항을 근거로 하고 있다.

> 안식일을 기억하여 거룩하게 지키라 엿새 동안은 힘써 네 모든 일을 행할 것이나 일곱째 날은 네 하나님 여호와의 안식일인즉 너나 네 아들이나 네 딸이나 네 남종이나 네 여종이나 네 가축이나 네 문안에 머무는 객이라도 아무 일도 하지 말라 이는 엿새 동안에 나 여호와가 하늘과 땅과 바다와 그 가운데 모든 것을 만들고 일곱째 날에 쉬었음이라 그러므로 나 여호와가 안식일을 복되게 하여 그 날을 거룩하게 하였느니라. (출 20:8-11)

안식법의 특징은 하나님께서 '일을 하지 말라고 하셨다'는데 있다. 하나님께서 이 계명을 주신 뜻은 우리가 평일처럼 일에 지치지 말고 안식일은 하나님 안에서 쉼을 얻으라는 것이다. 이것이 하나님께서 안식일에 일하지 말라 하신 원래의 뜻이다. 이렇게 함으로서 사람들이 기쁨과 평안, 그리고 하나님으로부터 오는 놀라운 능력을 얻게 하시려는 것이다. 그러나 바리새인들은 안식일의 근본 뜻과 목적에 집중하지 않고 '일이 무엇인가?'에 관심을 집중하고 이를 규정하기 시작했다. 객관적으로 볼 때 일을 하지 않으려면 일이 무엇인지 알아야 한다. 그러나, 일의 개념 자체를 너무 세분화하다 보니 하나님의 본뜻을 잊어버리게 되었다는 것이 큰 문제였다.

그러면, 바리새인들이 규정했던 '일'이 무엇일까? 어떤 랍비는 하루에 4Km 이상을 걷는 것이 일이라 하고, 어떤 랍비는 걸은 거리가 10Km 넘으면 일이라 하였다. 우물가에서 물을 뜨면 일이지만 이미 떠 놓은 물을 쓰는 것은 일이 아니라 하였다. 문제는 이러한 규정이 날로 세분화되고 많아져 갔다는 데 있다. 그러다 보니, 예수님의 제자들이 안식일에 밀밭 사이를 지나가다가 밀 이삭을 뜯어서 손으로 비벼 먹는 모습을 보고 바리새인은 이를 추수한 일로 고소하였던 것이다. 바리새인은 안식일에 아예 밀밭에 들어가지 않는다. 왜냐하면, 혹 옷깃이나 몸에 스쳐서 이삭이 떨어지면 일한 것으로 정죄 받게 될까 두려워서이다. 여자들은 안식일에 거울을 보지 말라 한다. 거울을 보다가 흰머리를 뽑거나 매무새를 고치고 정리하면 그것이 일이 되기 때문인 것이다.

이렇게 되다 보니 율법의 목적이 달라질 수밖에 없었다. 세분화시켜 놓은 율법은 본래 하나님의 목적과 의도와 다른 율법이 되어버렸다. 그래서 사람들은 안식일에 쉼이나 평안, 그리고 기쁨을 회복하기 보다는 율법을 지키지 못함에 대한 죄책감과 심판에 대한 두려움으로 떨게 되는 것이다. 이렇게 율법을 세분화시켜 놓고 이 율법을 지켰노라고 하는 바리새인들은 자신을 의인이라 생각하고, 그것을 지키지 못하는 다른 사람들을 죄인으로 정죄하였다.

율법이 자기 의를 세우는 데 이용된 것은 개인이나 사회적인 차원뿐 아니라 민족적인 차원에서도 동일하다. G. 타이센은 1세기의 지배적인 헬라문명의 위협에 직면하여 정체성의 위기를 맞은 유대교가 취해야 했던 제반 상황 중 특히 율법 준수의 강화를 예리하게 분석하고 있다. 이 율법의 강화는 유대 사회 내의 분리 운동과 이방인 배타주의를 조장시켰다. 유대 민족의 정체성을 확립하기 위한 율법의 강화는 유대교의 엘리트 집단인 바리세파와 에세네파 등이 주도했다고 볼 수 있다.[04] 강화된 율법을 지키는 자들은 자기들의 의로써 다른 사람들을 판단하고 그들을 공동체에서 격리시켰다. 예수를 따르던 많은 사람들은 이 상황 속에서 소외된 사람들이었다. 바울은 “내 동족 중 여러 연갑자보다 유대교를 지나치게 믿어 내 조상의 유전에 대하여 더욱 열심히 있었다”고 말한다(갈 1:14). 강화된 율법을 열심을 가지고 준수했던 바울은 바로 이 열정으로 인해서 그리스도인들을 핍박했다고 고백한다(갈 1:13).

바울이 율법을 범하는 그리스도인들을 잔해한 것은 율법에 근거한 바리새인의 자존감에 상처를 입었기 때문이기도 하였다. 바울이 회심한 후에 깨달았던 것은 적대감이 잠재해 있는 율법의 행위로서가 아니라, 용서와 사랑으로 십자가에서 자신을 희생하신 예수를 믿음으로 구원을 이룰 수 있다는 것이었다. J. D. G. 던(Dunn)에 의하면, 바울이 회심 후 그토록 강렬하게 반대했던 것은 이스라엘의 선민의식과 다른 민족들로부터의 분리를 보증하고 확신시키는 율법에 대해서였다. 바울의 관점에서 보면 이 태도와 그것을 조장하는 개종의 원칙은 개별적인 범법 행위의 경우와 같이 죄가 율법을 이용하는 증거이다.[05]

L. 크랩(Crabb)은 도덕적 혹은 종교적 노력으로 영적 갈구를 충족시키고자 할 때 율법주의 혹은 공로주의가 되며, 이것이 위선적 신앙의 본보기라고 말한다.[06] 이런 맥락에서 R. 스크록스(Scroggs)는 바울

---

04 G. Theissen, *Sociology of Early Palestinian Christianity*(Philadelphia: Fortress Press, 1978), 84–86. R. 홀슬리, 이준모 역,『예수 운동』(한국신학연구소, 1993), 41에서 재인용.

05 J. D. G. Dunn, "Pauline Theology" in *The New Testament Today* M. A. Powell ed., (Louisville, KT: Westminster John Knox Press, 1999), 104.

06 L. 크랩, 오현미 역,『기독교 상담 심리학』(나침반, 1994), 325.

의 죄 개념은 공로로 구원을 얻으려는 자세라고 규정한다.[07] 이것이 인간의 자기 중심성의 극치이다. 스크록스에 의하면, 공로로 구원을 얻는 의의 세계에서는 사랑도 본질적으로는 공격적 행동이 될 수 있다. 왜냐하면 사람을 향한 사랑이 자기 구원의 수단이 될 수 있기 때문이다. 이것은 바울의 사랑 개념과 대조적이다. 따라서 바울의 죄 개념은 추상적인 것도, 그 시대에 국한된 신화론도 아니다. 오늘 우리에게도 적용되는 인간 실존의 한 단면을 묘사한 것이다.[08]

율법을 자기 의를 드러내는 수단으로 삼는다면 율법은 이미 그 원래의 목적을 상실한 것이다. 성취 원리에 기초한 삶은 하나님에 대한 감사보다는 자기 의를 추구하는 삶으로 변한다. 이 경우에 하나님에 대한 사랑도 자신의 소원을 성취하기 위한 수단이 된다. 만약 사람이 올바른 일을 했기 때문에 하나님과 다른 사람의 사랑을 받는다고 믿는다면 그 사람은 올바른 일을 항상 해야 한다는 강박 관념 아래에 있다. 그런데 사람은, 진실하게 말해서, 항상 그렇게 할 수 없다. 따라서 그 사람은 하나님과 다른 사람의 사랑과 인정을 받기 위해서 스스로를 속이는 방법을 사용하거나 혹은 스스로를 가치 있는 인간으로서 느끼지 못하거나 둘 중의 하나를 선택해야 한다.[09]

율법을 준수하는 것 자체가 목적이 아니라 그것을 준수함으로써 이스라엘의 선민의식을 고취하고 민족의 정체성을 회복하고자 했을 때 율법준수는 형식적이 되었다. 바울은 이러한 유대교의 문제를 예리하게

---

07 R. Scroggs, *Paul for a New Day*(Philadelphia: Fortress Press, 1977), 8.

08 위의 책, 14.

09 L. 크랩, 앞의 책, 67 f.

통찰했다. 그 시대적 상황은 율법의 참된 정신을 왜곡하거나 망각하여 율법을 문자적으로나 형식적으로 이해하게 하는 동기를 부여하였다: "의문은 죽이는 것이요 영은 살리는 것임이라"(고후 3:6). 여기서 우리는 형식적이고 문자적인 율법은 죽이는 기능을 한다는 진술에 주목할 필요가 있다. 죄가 기회를 타서 율법을 이용하여 사람을 죽인다는 것은 결국 율법을 문자적으로 준수하게끔 하는 시대적 배경과 관련이 있다. 우리 시대로 말하면, 이것은 성경의 문자적 해석에 집착하는 그릇된 축자 영감설로 이해할 수 있다. 율법의 저주는 결국 그 율법의 참된 정신을 읽지 못한 자들에게 임하는 것이다. 형식적인 율법의 행위는 율법을 수단으로 하여 사망에 이르게 하는 죄의 간계인 것이다. 바울은 회심 전의 자신과 같은 유대인들을 향하여 "그들이 하나님께 열심이 있으나 올바른 지식을 따른 것이 아니니라"고 하였다(롬10:2). 여기서 올바른 지식이 없다는 것은 하나님의 의를 모르는 것이다. 하나님의 의에 대하여 무지할 때 사람은 자신의 의를 세우려고 "힘써 하나님의 의를 복종치 아니한다"(롬 10:3). 바울은 내면의 참된 변화가 없는 율법의 준수는 마치 수건(veil)이 가려진 채로 율법을 읽는 것과 같다고 하였다(고후 3:14). 이렇게 될 때 성경을 읽는 자는 하나님의 의를 알 수가 없다. 율법이 거룩한 것임에 틀림 없으나 수건이 가려진 율법은 생명을 주는 것이 아니라 죽음을 불러온다. 율법을 성취하여 자기 의를 드러내려고 하든지, 혹은, 유대교의 정체성을 유지하려고 하든지 간에, 이러한 목적으로 율법을 읽는 것은 율법의 왜곡을 초래한다. 이 왜곡된 율법의 준수는 죄의 수단이 되고 죽음을 불러오는 것이다.

율법이 자기 의를 세우려는 수단이 될 뿐 아니라, 이 율법은 자신의 죄성을 은폐시키거나 합리화하는 수단도 된다. 이 양자는 사실상 불가분의 관계에 있다. 율법은 "하라", "하지 말라"라는 계명으로 구성되어 있다. 이 계명들은 인간의 내면에 있는 죄를 감추거나 합리화하고자 하는 동인을 부여한다. 율법으로 죄를 깨닫고 그것을 회개하게 되면 개인의 인격이 고양된다. 그러나 그것을 감추거나 합리화하여 죄를 위장하게 되면 내면적인 갈등을 불러일으키고, 그 갈등의 고통으로부터 탈피하고자 하는 욕구를 불러일으킨다. 진실을 인정하여 그것을 수용하지 못하고 감추거나 합리화하게 되면 건전한 심리적 발전을 기대하기 어렵다. 인격이 고양되는 것은 진실을 발견해서 그것을 받아들이는 것으로 가능하다. 이것이 참된 회개의 과정이다. 그런데 만약 우리가 은폐한 것들을 의식하지 못하면 그것은 걷잡을 수 없는 공격력을 가지거나 우리 자신을 학대하는 것으로 발전할 수 있다.

회심하기 전 바울은 다른 바리새인들과 같이 율법의 의로는 흠이 없는 자라는 자긍심을 가지고 있었다. 그러나 그가 그리스도 안에서 율법의 억압적 세력으로부터 해방된 후 그는 비로소 율법의 행위에 근거한 의의 취약성을 깊히 인식할 수 있게 되었다. 유대인으로서 바울과 유사한 경험을 한 R. L. 루벤슈타인(Rubenstein)은 이렇게 말한다: 유대인들은 순종의 행위 안에 들어 있는 반역과 복종의 혼합을 심각하게 생각지 못했다.[10] 그는 범죄의 결과로 느낀 만족감이 조금이라도 남아 있는 한 그것을 진정한 회개라 하기 어렵다고 말한다. 우리가 죄를 회개한다고 하지만 그 죄에서 온전히 떠나는 것이 쉽지 않다. 우리는 회개했다고 하면서 그 죄로 인한 만족감이나 쾌감을 은근히 즐기고 지

10 R. L. Rubenstein, *My Brother Paul*(N. Y.: Harper & Row, 1972), 11.

속시키고자 하는 욕구를 가지고 있다. 그래서 우리는 진리의 말씀에 순종하여 우리가 죄인임을 깊히 깨닫는 것이 중요하다. 그래서 스스로 하나님 앞에서 온전한 사람은 없고, 스스로 의로울 수 없는 사람을 오직 하나님이 의롭게 하신다는 바울의 통찰은 진실인 것이다.[11]

죄가 율법을 이용하여 죽음을 불러오는 과정을 이렇게 생각해 볼 수 있다. 죄가 내 속에 있으나 내가 그것을 의식하지 못하고 있다가 율법으로 인해서 그것이 죄로 의식된다. 이것을 의식함으로써 나는 두려움과 수치 가운데서 죄를 감추거나 합리화하고자 한다. 이 과정은 참된 자아의 죽음의 과정이다. 의식이나 무의식의 차원에서의 억압은 죽음의 본능을 자극하고 이 본능은 파괴적인 삶으로 이끈다. C. G. 융(Jung)은 이 현상을 이렇게 설명한다: "대량의 정신 에너지가 자아에서 제거되어 페르소나에 보내지면 당사자의 행동에 그 영향은 매우 선명하게 나타날 것이다. 그는 더 이상 '자기 자신'이 아니다. 남들이 원하고 있는 —그럴 것이라고 그가 생각하고 있는— 대로의 인간이 될 것이다."[12] 여기서 페르소나는 일종의 가면적 자신을 말하는데, 이것은 죄가 있으면서 죄없다고 생각하는 자기 기만적 자신을 의미한다. 요한이 이 사실을 잘 지적하고 있다: "만일 우리가 죄없다 하면 스스로 속이고, 또 진리가 우리 가운데 있지 아니할 것이요 만일 우리가 우리 죄를 자백하면 저는 미쁘시고 의로우사 우리 죄를 사하시며 모든 불의에서 우리를 깨끗케 하실 것이요."(요일 1:8-9). 죄를 은폐하거나 합리화하는 이 과정은 점차 자기로부터 소외되는 과정이요, 진정한 자기가 죽어가는 과정

---

11 위의 책, 13.

12 C. G. 융/C. S. 홀/J. 야코비, 설영환 역, 『융 심리학 해설』(부산: 설영사, 1995), 122.

이라 말할 수 있다. 이때 그는 "죄지은 것도 없이 품고 있는 잘못된 죄책감"에 사로잡히기도 한다. 율법에 노출된 이후에 그는 이러한 부정적 감정으로 끊임없이 갈등하게 된다.[13] 루터는 죄를 감옥에 비유했는데 이것은 참된 자아가 거짓된 자아 속에 갇혀 있는 것을 뜻한다.

이 죽음의 과정은 로마서 7:14-25에서 생생하게 묘사되고 있다. 바울은 하나님의 율법이 요구하는 것과 육적인 욕망 간의 투쟁이 그 자신의 내면 세계에서 격렬하게 일어나고 있음을 의식한다. 이제 바울이 겪은 율법과 죄와 사망의 고리를 좀 더 자세하게 알아보자.

3) 율법과 죄와 사망의 고리

바울이 회심 전에 율법과 죄와 사망의 문제로 처절하게 갈등하고 있는 모습을 생생하게 묘사하고 있는 본문이 바로 로마서 7:14-24이다. 이 본문을 함께 읽어보자.

> 우리가 율법은 신령한 줄 알거니와 나는 육신에 속하여 죄 아래에 팔렸도다 내가 행하는 것을 내가 알지 못하노니 곧 내가 원하는 것은 행하지 아니하고 도리어 미워하는 것을 행함이라 만

13 L. McBurmey, 윤종석 역, 『사역자 상담』(두란노, 1995), 242.

일 내가 원하지 아니하는 그것을 행하면 내가 이로써 율법이 선한 것을 시인하노니 이제는 그것을 행하는 자가 내가 아니요 내 속에 거하는 죄니라 내 속 곧 내 육신에 선한 것이 거하지 아니하는 줄을 아노니 원함은 내게 있으나 선을 행하는 것은 없노라 내가 원하는 바 선은 행하지 아니하고 도리어 원하지 아니하는 바 악을 행하는도다

만일 내가 원하지 아니하는 그것을 하면 이를 행하는 자는 내가 아니요 내 속에 거하는 죄니라 그러므로 내가 한 법을 깨달았노니 곧 선을 행하기 원하는 나에게 악이 함께 있는 것이로다 내 속사람으로는 하나님의 법을 즐거워하되 내 지체 속에서 한 다른 법이 내 마음의 법과 싸워 내 지체 속에 있는 죄의 법으로 나를 사로잡는 것을 보는도다 오호라 나는 곤고한 사람이로다 이 사망의 몸에서 누가 나를 건져내랴 우리 주 예수 그리스도로 말미암아 하나님께 감사하리로다 그런즉 내 자신이 마음으로는 하나님의 법을 육신으로는 죄의 법을 섬기노라 (롬 7:14-25)

이 단락은 설교에서 자주 듣게 되는 본문이다. 이 본문은 바울의 신학과 신앙, 그리고 인간의 실존적인 삶의 본질에 대해서 밝히고 있는 중요한 부분이다. 그런데 이 본문에 대한 주석이 생각보다는 어려운 질문들을 담고 있다. 이 본문이 제기하고 있는 여러 가지 문제들 중 중요한 질문은 이것이다. 이 본문에 나오는 '나'가 그리스도를 만난 사람일까? 아니면 그리스도를 만나기 전의 사람일까? 이 본문을 이해하기 위해서는, 다소 어려운 이야기이지만, 이 본문의 원어인 헬라어에 대한 약간의 지식이 필요하다. 헬라어의 동사형은 과거, 현재. 미래의 시제

보다도 진행형이냐 일회적인 것이냐 하는 행위의 양태가 더 중요하다. 이 본문의 현재형은 진행을 의미하는 것으로서 한번 행하고 행하지 않는다는 것이 아니라 계속해서 행한다는 것이다. 예를 들면, 여기 나오는 현재형의 '행함'(7:15, 16, 18, 19, 20)은 행하는 것이 일회성으로 끝나는 것이 아니고 계속되는 상태를 묘사하고 있는 것이다. 그리스도를 만난 후의 '나'가 계속해서 악을 행한다고 할 수 있을까?

바울이 그리스도를 만난 후에 자신의 삶을 되돌아보니, 비록 겉으로는 율법을 잘 지켜 평안과 확신 가운데 산 것 같았지만, 그 내면 깊숙이 자리 잡고 있던 갈등의 원인이 죄와 율법 때문이었음을 발견하게 되었던 것이다. 바울은 그리스도를 만난 후에 자기를 끝없이 괴롭힌 문제가 무엇인지 알게 된 것이다. 율법의 철저한 준수를 강조하는 바리새인으로서의 바울과 다메섹 체험 이후의 바울은 바로 이 율법과 죄와 죽음의 관계에 대한 이해에서 극적인 변화를 가져왔다. 이 변화가 그의 기독론과 인간론의 중심에 자리하고 있다. 바울의 율법과 죄에 대한 사상은 그의 서신에 전반적으로 나타나고 있지만 특히 로마서 7장에서 집중적으로 다루어지고 있다. E. 케제만(Kaesemann)이 바로 지적한 대로, 7장의 주요 관심은 죄의 세력이다. 율법이 비록 거룩하고 선한 것이지만 그것을 이용하여 자신의 목적을 달성하는 죄의 권세를 바울은 이 단락에서 집중적으로 논의하고 있다.[14] 이 단락에서 첫째 부분(7-13)은 죄가 율법을 통해서 사망에 이르게 하는 현실을 신학적으로 그리고 심리학적으로 설명하고 있다. 두 번째 부분(14-25)은 같은

---

14 E. Kaesemann, *Commentary on Romans*(Grand Rapids: Eerdmans, 1986), 192.

주제를 실존적인 체험을 통해서 묘사하고 있다.

이제 7장을 간략하게 분석해 보자. 7:1-3은 결혼 관계를 예로 들어서 율법의 본질인 구속력에 관해서 설명한다. 아내는 남편이 살아 있는 동안에는 남편에게 매인 바 되나 남편이 죽으면 그 법에서 자유하게 된다. 7:4-6에 대한 바울의 설명은 난해하지만 그가 주장하는 바는 간단하다: 믿는 자는 그리스도로 말미암아 율법으로부터 자유케 되었다. 그리스도는 율법의 마침(롬 10:4)이라는 맥락에서 볼 때 믿는 자는 그리스도 안에서 율법에 대하여 죽었다. 믿는 자는 죽은 율법과의 관계를 벗어나 그리스도와 새로운 관계를 맺게 되는 것이다. 여기서 의문의 낡은 것과 영의 새로운 것이 나온다. 7:7-9에서 바울은 율법과 죄와 죽음의 관계를 본격적으로 다룬다. 율법은 죄를 알게 하는 기능이 있다. 바울의 이 진술은 경우에 따라서는 오해의 소지가 있다. 율법이 죄를 알게 한다고 하지만 8절의 "법이 없으면 죄는 죽은 것"이라는 진술에서 사실상 율법은 죄를 만들어 낸다는 의미로도 해석될 수 있다. 여기서 난해한 구절은 "죄가 기회를 타서 ... 탐심을 이루었나니"하는 부분이다. 율법의 효력은 인간의 심리 안에 잠재해 있는 죄의 세력을 일깨우고 활성화하는 것이다. "죄가 기회를 타서"(aphormen labousa he hamartia)라는 구절에서 aphormen은 다양한 의미를 가지고 있는데, 그 가운데서 군사적인 의미가 두드러진다: 출발점, 출발 수단, 작전 활동 기지, 안전 장소, 전쟁 수단, 핑계, 구실, 자료, 수단 등. 죄는 율법을 수단으로 하여 그의 공격성을 더욱 강하게 드러낸다는 뜻이다.

율법은 바울에게 있어서 분명 거룩하며 의로우며 선하다(7:12). 그런데 어떻게 이 율법이 그 본래의 기능인 생명을 주는 것에서 변질되어 사망에 이르게 하는가(7:10)? 바울은 "죄가 기회를 타서" 계명을 이용한 것이라고 말한다(7:8). 여기서 "죄가 기회를 탄다"는 것은 무슨 의미인가? 그리고 "계명이 이르매 죄는 살아나고"(7:9)라고 하는데 계명이 어떻게 죄를 살리는가?

이 현상은 구약성경의 창세기 스토리를 염두에 두면 이해가 쉽다. 일반적으로, 구약성경을 배경에 둔다면 신약성경의 어려운 주제가 쉽게 보이고 풀리게 된다. 이와 연관되는 배경 스토리는 창세기 3장에 나오는 아담과 뱀 이야기를 예로 들 수 있다. 창세기 2장에 보면 하나님께서 아담을 지어놓고 하나의 계명을 주신다. 우리는 그 계명을 최초의 계명 혹은 원시 계명이라고 한다. 그 계명의 내용이 무엇인가?

> 여호와 하나님이 그 사람에게 명하여 이르시되 동산 각종 나무의 열매는 네가 임의로 먹되 선악을 알게 하는 나무의 열매는 먹지 말라 네가 먹는 날에는 반드시 죽으리라 하시니라 (창 2:16-17)

처음에는 하나님께서 아담에게 긍정적인 것을 말씀하셨다: "동산 각종 나무의 열매는 네가 임의로 먹어라". 처음에는 "네가 임의로 먹어라"고 하셨다. 그 다음에 금기의 말씀을 하셨다. 단, "선악을 알게 하는 나무의 열매는 먹지 말라", "먹는 날에는 네가 반드시 죽으리라". 여기에 율법의 처벌 조항이 나와 있다. 범죄에는 형벌이 따른다. 이 이야기를 염두에 둔다면 율법의 부정적 기능을 이해하는 데 도움이 될 것이다. 우리는 계명대로 각종 나무의 열매는 먹을 수 있다. 그런데 이런 상황에서 누가 등장하는가? 뱀이 등장한다. 이 뱀이 하나님의 명령을 두고 계속 탐심을 불러일으킨다. 사단을 상징하는 이 뱀이 계명을 이용하고 있는 것이다.

> 그런데 뱀은 여호와 하나님이 지으신 들짐승 중에 가장 간교하니라 뱀이 여자에게 물어 이르되 하나님이 참으로 너희에게 동산 모든 나무의 열매를 먹지 말라 하시더냐
>
> 여자가 뱀에게 말하되 동산 나무의 열매를 우리가 먹을 수 있으나 동산 중앙에 있는 나무의 열매는 하나님 말씀에 너희는 먹지도 말고 만지지도 말라 너희가 죽을까 하노라 하셨느니라 뱀이 여자에게 이르되 너희가 결코 죽지 아니하리라 너희가 그것을 먹는 날에는 너희 눈이 밝아져 하나님과 같이 되어 선악을 알 줄 하나님이 아심이니라
>
> 여자가 그 나무를 본즉 먹음직도 하고 보암직도 하고 지혜롭게 할 만큼 탐스럽기도 한 나무인지라 여자가 그 열매를 따먹고 자기와 함께 있는 남편에게도 주매 그도 먹은지라(창3:1-6)

여기에서 볼 수 있듯이, 죄가 기회를 타서 여자 안에 탐욕을 불러일으키고 결국 그녀를 사망에 이르게 한다. 죄를 상징하는 뱀은 인간을 교묘하게 속이는데, 그 속이는 도구로서 계명도 얼마든지 사용할 수가 있다는 것을 알 수 있다. 어떻게 보면, 계명으로 인해서 사단에게 더 쉽게 속아 넘어갈 수가 있었다고 볼 수도 있다.

8절의 "법이 없으면 죄가 죽은 것임이라"에서 "죽은 것"이라는 의미는 존재하지 않는다는 의미가 아니라, 의식적이든 무의식적이든 잠재해 있다는 의미이다. J. 머래이(Murray)는 죄가 이 상태에서 계명을 수단으로 하여 공격해나가는 과정은 심리학적인 묘사를 필요로 한다고

말한다.[15] 이것은 심리학에서 말하는 역 심리학(reverse psychology)적 현상과 유사하다. 인간의 내면에는 금할 때 더 하고 싶은 욕구가 있다. 이 심리 현상을 예리하게 묘사한 고전적인 문헌으로 성 어거스틴의 고백록이 있다. 성 어거스틴은 어린 시절 그의 친구들과 함께 남의 배밭에서 배를 몰래 훔치는 사건을 심리적으로 자세하게 묘사하고 있다. 그들은 배가 고파서가 아니라 단지 훔치면 안 된다는 계명 자체를 범하는 것을 즐기기 위해서 그런 행동을 했다고 고백한다.

> (9) 오, 주님, 도둑질은 당신의 법과 인간의 마음에 새겨진 법에 의하여 금지되고 있습니다. 그 법은 인간의 죄악이 감히 말살할 수 없습니다. … 그러나 나는 도둑질을 하고 싶었고 또한 사실 했습니다. 내가 도둑질을 하게 된 것은 배가 고파서도 아니요, 궁핍해서도 아니요, 다만 착한 일을 무시하고 싶고 또한 죄를 짓고자 하는 강한 충동에 어찌할 수 없어 범한 것입니다. 그렇지 않고서야 어찌 내가 이미 더 좋은 것을 더 많이 가지고 있었는데도 불구하고 그런 것을 훔치게 됩니까? 내가 즐기고 싶었던 것은 훔친 물건이 아니라 도둑질 그 자체, 죄 그 자체였나 봅니다.
>
> 우리 집 포도밭 근처에 배나무 한 그루가 있었습니다. 주렁주렁 많이 열리기는 했으나 그 열매의 맛이나 색깔에서 따먹고 싶을 정도는 안 되었습니다. 어느 날 밤늦게 —우리들은 그렇게 늦게까지 광장에서 노는 나쁜 습성이 있었는데— 불량배인 우리들은

15 J. Murray, *The Epistle to the Romans*(Grand Rapids: Eerdmans, 1980), 250.

> 다 같이 가서 나무를 흔들어 배를 땄던 것입니다. 우리는 한 아름 씩 배를 가지고 와서는 그것을 먹지 않고 몇 개 겨우 맛만 본 다음 돼지 떼에 던지고 말았습니다. 이런 짓을 하는 것이 즐거웠으니 하지 말라는 것을 하는 재미였습니다.[16]

바울은 '율법으로 말미암는 죄의 정욕'을 말하면서 죄의 궁극적 목적인 사망을 이끌어 낸다. 이 부분에서 율법과 죄와 죽음이 긴밀한 관계에 있음을 드러내 보인다. 율법은 죄를 불러오고 죄는 사망을 불러온다. 율법과 죄와 죽음은 탄탄한 동맹관계를 맺고 있다. 7:10-13에서 바울은 이 동맹관계가 어떻게 이루어졌는가를 묻는다. 계명은 마땅히 생명을 가져와야 하는데 오히려 그 반대로 죽음을 가져온 것은 죄의 간계 때문이라고 결론을 내린다. 여기서 율법을 이기는 죄의 가공할 세력이 드러나고 이 사실에 대한 체험적 고백이 7:14-25에서 생생하게 묘사되어 있다.

죄가 신령한 율법을 수단으로 하여 나를 사망의 몸(7:24)으로 만드는 과정이 주로 원함과 행함 간의 갈등으로 묘사되고 있다. 선을 행하기 원하는 내가 악을 행하는 것은 죄가 내 가운데 있기 때문이다. 내가 하나님의 법을 즐거워하나 죄의 법에 사로잡혀 원치 아니하는 것을 행하는 사망의 몸이 되어가는 과정이 이 단락에서 자세하게 묘사되어 있다.

이 본문은 바울의 다른 서신들에서 보기 어려운 격렬한 정서를 담고

---

16 어거스틴, 선한용 역, 『성 어거스틴의 고백록』(대한기독교서회: 2015), 83.

있다. 이 본문에는 연민과 동정을 자아내는 격정적이며 고백적인 표현들이 빈번하게 등장하고 있다. 달리 말하면, 본문에 나타난 실존적인 고뇌와 애처로운 좌절감은 수사학적인 기교라기보다는 바로 바울 자신의 체험에서 우러나온 것이다. 이 단락이 수사학적인 구조로 이루어져 있다 할지라도 다수의 묘사들은 바울 자신의 영혼의 외침임에 틀림없다.

"열심으로는 교회를 박해하고 율법의 의로는 흠이 없는 자라"(빌3:6)는 진술이 반드시 본문과 이율배반적이거나 배타적인 것은 아니다. 빌립보서 3장에서 바울은 유대인을 상대로 논쟁을 벌이고 있다. 이 논쟁을 설득력 있게 이끌어 가기 위하여 그로서는 유대인들의 기준에 맞추어서 논리를 전개해 나가야 할 충분한 이유가 있었다. 즉, 그는 자신을 유대인들이 흠모해 마지않는 완전한 바리새인으로 소개함으로써 그리스도를 만나 자신이 회심한 그 사건이 결코 부도덕하거나 죄악된 삶으로 인한 것이 아님을 명백히 한다. 그가 그리스도 안에서 발견한 것은 율법에서 난 의가 아니요 "오직 그리스도를 믿음으로 말미암은 것이니 곧 믿음으로 하나님께로서 난 의"였다.

본문의 바울은 성령의 감동 감화로 인하여 자신이 죄 아래 있는 비참한 모습을 보통의 사람보다 더 예민하게 감지하고 있다. 바울은 구원을 필요로 하는 인간 내면의 상황을 영적인 눈으로 기술하고 있다. 사물이나 현상의 정수를 꿰뚫어 볼 수 있는 영적인 통찰력으로 말미암아 바울은 그 자신의 내면세계에서 죄로 인하여 일어나고 있는 도덕적, 정서적 갈등을 명확하게 감지할 수 있었다.

이 예민한 감수 상태로 인하여 고뇌와 감격, 비애와 환희 같은 강하고 순수한 감성의 표출이 발생한다. 대부분의 주석가들은 로마서

7:14-25에는 바울의 다른 서신에서 보기 어려운 강한 정서적 표현들이 등장하고 있다고 지적한다. 예를 들면, 14절의 "나는 육신에 속하여 죄 아래 팔렸도다", 또는 24절의 "오호라 나는 곤고한 사람이로다"와 "…누가 나를 건져 내랴" 등이다. 그리고 전체적으로 풍기는 "원함"과 "행함" 간의 이율 배반으로 인한 깊은 좌절감의 표출 등이 그것이다. 이 단락은 "내가 죄 아래 팔렸도다"는 탄식으로 시작하여 "이 사망의 몸에서 누가 나를 건져내랴"라는 절규로 나아간다. 이 과정은 피할 수 없는 과정이다. 왜냐하면, 죄의 삯은 사망이기 때문이다(롬6:23). 비록 속 사람이 율법을 즐거워 하지만, 이 율법은 그를 사망에 이르는 이 과정에서 구원하지 못한다. 여기서 율법의 무능성이 드러난다.

14절에서 바울은 율법의 본질은 신령하나 "나"는 육신에 속하여 죄 아래 팔렸다는 사실을 강한 어조로 고백한다. 15절의 "내가 알지 못하나니"의 구절은, 일차적으로, 바울이 그 자신 속에서 일어나고 있는 사실을 모른다는 의미이다. 더 나아가서는, 여기서 바울은 "원함"과 "행함" 사이에서 발생하는 갈등으로 인한 그의 이율배반적인 상태에 대한 애통한 심령을 토로하고 있다. 그 자신의 무능과 좌절에 대한 예리한 인식은 성령의 도움으로 그 심령이 조명될 때에만 가능하다. 15-20절에서 바울은 이러한 상태가 죄의 세력으로 인한 것임을 깨닫기 시작한다. 이 부분에서 바울은 통상적인 죄의 개념에서 벗어나서 죄가 나 자신 속에 육화해서 거하는 세력임을 통찰한다. 결국 그는 이 죄의 세력으로 인하여 그 자신 속에서 좌절과 무능이 발생한다는 사실을 고백적인 문체로 기술하고 있다.

25절의 "우리 주 예수 그리스도로 말미암아 하나님께 감사하리로다"에서 바울은 하나님께서 예수 그리스도를 통하여 죄와 사망에서 구원해 주신 은혜를 감사하고 있다. 그래서 25절 후반부는 비록 육신이 아직도 구세계의 잔존 세력에 붙들려 있기는 하지만, 이제 그 마음이 새로운 영의 세계를 체험하여 평안과 소망을 회복한 상태를 나타낸다. 이 구절은 예수 그리스도로 인하여 이제 죄와 사망의 세력으로부터 자유로워지기 시작하며 승리의 약속을 향해 나아가는 단계로 이해해야 한다. 그래서 바울은 8:1-2에서 "그리스도 예수 안에 있는 자에게는 결코 정죄함이 없고", "생명의 성령의 법이 죄와 사망의 법에서 너를 해방하였다"고 선언하였다.

바울이 자신의 율법 준수에 대하여 자긍심을 가진 것은 분명하지만, 회심 후 그는 그것이 결코 자신을 온전하게 해주지 못한다는 사실을 고백한다: "내가 자책할 아무 것도 깨닫지 못하나, 그러나 이를 인하여 의롭다 함을 얻지 못하노라. 다만 나를 판단하실 이는 주시니라"(고전 4:4). 빌립보서 3:6의 진술과 고린도전서 4:4의 고백간에는 큰 변화가 있음을 알 수 있다. 이 뚜렷한 변화를 등한시하고 바울의 다메섹 체험을 단순히 소명으로 이해하는 것은 문제가 있다. 바울이 율법하에서 가졌던 그 자긍심은, J. R. 에드워즈(Edwards)가 잘 지적한 것과 같이, 행위의 법에 근거한 것이고 내적인 동기조차 살피시는 사랑의 법에 근거한 것이 아니었다.[17]

회심 전의 바울은 율법으로 인한 갈등을 의식할 수도 있었고 그것을 의식하지 못할 수도 있었다. 중요한 것은 그가 예수 그리스도 안에서 자신의 삶에 이러한 깊은 갈등이 있었다는 것을 분명하게 인식하게 되

---

17 J. R. Edwards, *Romans* (Peabody, MA: Hendrickson, 1998), 185.

었고, 그것을 그리스도 안에서 해소할 수 있게 되었다는 것이다. 그리고, 바울은 율법 정죄의 두려움이 오직 성령 안에서 해결될 수 있다는 사실을 경험하게 되었다: "너희는 다시 무서워하는 종의 영을 받지 아니하고 양자의 영을 받았으므로 우리가 아빠 아버지라고 부르짖느니라"(롬8:15); "너희가 만일 성령의 인도하시는 바가 되면 율법 아래 있지 아니하리라"(갈 5:18). 바울이 율법하의 자신의 모습을 분명하게 볼 수 있었던 것은 바로 그리스도와 성령과의 만남이 바울에게 가져다 준 최대의 축복이었다.

빌립보서 3:4-6은 회심 전 바울의 표면적, 변증적, 의식적 차원을 묘사하고, 로마서 7:14 이하는 바울의 내면적, 심층적, 무의식 상태를 그리고 있다. G. 타이센의 견해처럼, 빌립보서 3장과 로마서 7장의 바울 모습을 조화시킬 때 바리새인 바울의 모습을 정확하게 이해할 수 있다.[18] 바울은 율법으로 인한 갈등과 정신적 긴장속에서 그리스도인들이 누리는 자유를 보고 그들에 대해 증오심을 품고 적대시하게 되었다. 바울의 이러한 갈등은 결국 부활하신 주님을 만나고 성령 안에서 해결되게 된다.

---

18 G. Theissen, *Psychological aspects of Pauline Theology*(Philadelphia: Fortress Press, 1987), 234-242.

제2장

회심과 소명

1) 회심의 정의와 소명의 목적

2) 바울의 사도직 소명

제2장

회심과 소명

어느 누구나 마찬가지겠지만, 바울에게서도 가장 결정적인 순간이 있었는데 그것이 다메섹에서의 회심(回心, conversion)사건이다. 바울이 다메섹에서 신비스런 체험을 하고 사도로서의 사명을 받는 길로 전환하게 되는데, 이 체험이 얼마나 중요한지 사도행전에서는 세 번씩이나 언급되고 있다(행 9:1-19, 22:3-21, 26:1-23). 그중 첫 번째 기록인 사도행전 9:1-19을 읽어보자.

> 사울이 주의 제자들에 대하여 여전히 위협과 살기가 등등하여 대제사장에게 가서 다메섹 여러 회당에 가져갈 공문을 청하니 이는 만일 그 도를 따르는 사람을 만나면 남녀를 막론하고 결박하여 예루살렘으로 잡아오려 함이라 사울이 길을 가다가 다메섹에 가까이 이르더니 홀연히 하늘로부터 빛이 그를 둘러 비추는지라 땅에 엎드러져 들으매 소리가 있어 이르시되 사울아 사울아 네가 어찌하여 나를 박해하느냐 하시거늘 대답하되 주여 누구시니이

까 이르시되 나는 네가 박해하는 예수라 너는 일어나 시내로 들어가라 네가 행할 것을 네게 이를 자가 있느니라 하시니 같이 가던 사람들은 소리만 듣고 아무도 보지 못하여 말을 못하고 서 있더라 사울이 땅에서 일어나 눈은 떴으나 아무것도 보지 못하고 사람의 손에 끌려 다메섹으로 들어가서 사흘 동안 보지 못하고 먹지도 마시지도 아니하니라

그때에 다메섹에 아나니아라 하는 제자가 있더니 주께서 환상 중에 불러 이르시되 아나니아야 하시거늘 대답하되 주여 내가 여기 있나이다 하니 주께서 이르시되 일어나 직가라 하는 거리로 가서 유다의 집에서 다소 사람 사울이라 하는 사람을 찾으라 그가 기도하는 중이니라 그가 아나니아라 하는 사람이 들어와서 자기에게 안수하여 다시 보게 하는 것을 보았느니라 하시거늘 아나니아가 대답하되 주여 이 사람에 대하여 내가 여러 사람에게 듣사온즉 그가 예루살렘에서 주의 성도에게 적지 않은 해를 끼쳤다 하더니 여기서도 주의 이름을 부르는 모든 사람을 결박할 권한을 대제사장들에게서 받았나이다 하거늘 주께서 이르시되 가라 이 사람은 내 이름을 이방인과 임금들과 이스라엘 자손들에게 전하기 위하여 택한 나의 그릇이라 그가 내 이름을 위하여 얼마나 고난을 받아야 할 것을 내가 그에게 보이리라 하시니 아나니아가 떠나 그 집에 들어가서 그에게 안수하여 이르되 형제 사울아 주 곧 네가 오는 길에서 나타나셨던 예수께서 나를 보내어 너로 다시 보게 하시고 성령으로 충만하게 하신다 하니 즉시 사울의 눈에서 비늘 같은 것이 벗어져 다시 보게 된지라 일어나 세례를 받고 음식을 먹으매 강건하여지니라 사울이 다메섹에 있는 제자들

과 함께 며칠 있을새 (행 9:1-19)

신비적인 체험을 통해 과거의 사고와 신념이 바뀌는 획기적인 사건이 바로 회심 사건이라 할 수 있다. 기독교 역사에서 유명한 회심들 중 가장 많이 이야기되는 것이 바울의 회심이다. 바울은 예루살렘에서 유대인들에게 잡혀 죽음의 위기를 맞았을 때나(행 22장), 아그립바 왕앞에서 재판을 받을 때나(행 26장), 삶의 위기 때마다 그의 회심 사건을 회상함으로 그 위기를 극복했다. 바울은 기독교를 박해하던 인물이었다. 그런데 바울은 이 체험을 통해서 기독교를 전하는 인물로 바뀌게 되었다.

1) 회심의 정의와 소명의 목적

회심이란 무엇인가? R. V. 피스(Peace)가 잘 지적했듯이, 회심은 그 유형이 다양하고 복잡하기 때문에 그 본질을 한마디로 정의하기 어렵다.[19] 피스는 회심을 이렇게 이해했다: "기독교의 회심은 하나님에 대한 새로운 깨달음, 하나님을 향한 새로운 돌아섬, 하나님께 반응하는 새로운 삶을 중심으로 펼쳐진다. 하나님의 진리의 빛 가운데서 자신을

19 R. V. 피스, 김태곤 역, 『신약이 말하는 회심』(좋은씨앗, 2001), 18. 이 책은 바울의 회심에 관한 좋은 안내서이다.

보고, 하나님과 맺은 새로운 관계를 받아들이며, 하나님의 백성 공동체 속에서 종으로서 그리고 모든 백성을 향한 증인으로 사는 삶이다."[20]

A. D. 낙(Nock)은 회심이란 개념은 고수(固守)란 개념과 비교해서 이해해야 한다고 주장한다. 낙에 의하면, "기존의 신앙을 고수하고 있는 사람들은 새로운 예배를 유용한 보충으로 여기고 대체할 것으로 생각지 않는다. 그래서 그들은 구습을 버리고 삶의 새로운 방식을 위해서 헌신하지 않는다. 이것을 우리는 회심과 대비하여 고수라 부른다. 회심이란 한 개인의 영혼의 새로운 시작이며 무관심이나 이전의 형태의 경건에서 다른 것으로 의식적으로 전환하는 것인데 이 전환에는 큰 변화가 수반되며 전의 것은 그릇된 대신 새로운 것이 옳다는 의식을 동반한다."[21] 회심이라는 것은 결국 삶의 목표가 다른 것으로 향해 있다가 오직 하나님께로 전향하는 체험이라 할 수 있다. 그 체험이 강렬하여 그 목표에서 벗어나면 고통을 당할 수밖에 없는 그런 체험이다. 그러나 회심을 항시 급진적인 체험으로 이해할 필요는 없다. 피스의 말대로, "물론 갑작스러운 회심은 계속 일어난다. 그러나 언제나 그랬듯이 이것은 예외적인 상황이다."[22]

바울의 회심에 관한 명시적 기록은 신약성경의 여러 곳에서 나타난다: 갈라디아서 1:13-17; 고린도전서 15:8-10; 빌립보서 3:4-11; 사도행전 9, 22, 26장. 이 구절들 외에 고린도전서 9:1, 16-17 등에 그의 회심에 관해서 암시적으로 나타난다. 회심은 점진적 혹은 급격한 과정으로

---

20 앞의 책, 133

21 A. D. Nock, *Conversion: the Old and the New in Religion from Alexander the Great to Augustine of Hippo*(Oxford: Clarendon Press, 1933). 7

22 앞의 책, 18

하나님과 구원의 실재를 확고히 경험함으로써 이제까지 분열되고 열등하고 불행했던 자신이 통합되고 옳고 우월하며 행복한 상태로 바뀌는 것이다. 그래서 회심은 긍정적 창조적 역할을 한다. 많은 학자들은 유대인 이름 사울에서 로마인 이름 바울로 이름을 바꾼 것을 회심 사건과 관련시킨다. 이름을 바꾸는 것은 종교적인 회심과 관련이 있다. 누가는 바울의 회심 이후에도 계속 사울의 이름을 사용하다가 제1차 선교 여행 때(행 13:9) 이름을 바울로 바꾼다. 누가가 바울의 이름을 유대 이름에서 로마 이름으로 바꾼 것은 바울의 이방인에 대한 사명과 관련이 있다.

회심과 소명은 구분이 가능하다. 회심은 다른 사람들에 의해서 관찰될 수 있는 삶의 변화를 가져오는 내적인 변화이고, 소명은 직업적인 사명으로서 동기와 열정을 형성하는 정체성과 관련이 있다. 그러나 이 두 가지는 상호 배타적인 것이 아니라 그리스도의 계시 사건의 양면이다. 사도행전에서 설명하는 다메섹 사건은 길어야 30분 정도의 시간이면 족한 짧은 사건이다. 동일한 사건에 대한 서로 다른 묘사는 사건의 성격상 충분히 발생할 가능성이 있다. 실제로 급작스러운 돌발 사고에 대한 증언은 서로 다른 경우가 많다.

바울이 비록 빌립보서 3:6에서 보듯이 율법 준수에 자신감을 가지고 있었다고 해서 그것이 그가 죄에 대한 예민한 의식을 가지지 않았다는 것을 의미하지 않는다. 바울은 기독교 이전의 자신을 율법의 기준에 따라서 흠 없었다고 평가할 수 있었다. 그러나 예수의 가르침에 따라서 그는 그렇게 말할 수는 없었을 것이다. 그는 로마서 3:23에서 말하듯이 모든 사람이 죄아래 있다는 선언에 자신을 포함시킨다. 바울의 회심은 단순히 신학적 견해의 변화가 아니라 근본적인 삶의 변화를 의미한다. J. R. 벡(Beck)에 의하면, 바울은 외형적 율법 준수에는 흠이 없었지만 그의 내면 세계에는 의식적이든 무의식적이든 갈등이 있었다. 그리스도인에게도 갈라디아서 5장에서처럼 육신과의 갈등이 있다. 그러나 성령께서 그 갈등에 임하셔서 육의 열매가 아니라 영의 열매를 맺게 하신다.[23]

바울의 삶은 부활하신 주님을 만남으로 급진적으로 바뀌게 된다. 이후의 삶은 주님께서 아나니아를 통해서 주신 사명으로 시작된다: "주께서 이르시되 가라 이 사람은 내 이름을 이방인과 임금들과 이스라엘 자손들에게 전하기 위하여 택한 나의 그릇이라 그가 내 이름을 위하여 얼마나 고난을 받아야 할 것을 내가 그에게 보이리라 하시니"(행9:15, 16). 이 체험은 주님의 부르심 곧 소명 체험이다.

일반적으로 하나님의 부르심이 선지자 사역의 시작이 된다. 히브리어 'nabi'는 '부르심을 입은 자'라는 의미로서 이 소명은 선지자가 되는 과정에서 필수적인 단계이다. 구약 성경에는 많은 선지자들이 "여호와의 말씀이 ... 임하니라"라는 공식으로 그들의 선지사역을 시작한다(렘 1:2, 4, 겔 1:3, 욘 1:1 등). 소명을 받으면 그의 삶이 다른 방향으로 바뀐다. 그에게는 선택의식, 보호와 처벌, 그리고 그의 삶에서 초월자의 임재를 경험한다. 예레미야처럼 그가 태어나기 전부터 선택 받았다고 믿는 선지자들도 있다(렘 1:5).

베드로와 안드레에게 주님은 "나를 따라 오너라, 내가 너희로 사람을 낚는 어부가 되게 하리라"(막1:17)라고 부르셨다. 그리고 주님께서

---

23 J. R. Beck, *The Psychology of Paul*(Grand Rapids: Kregel, 2002), 127-131.

그들에게 사도의 직분을 맡기셨다. 그래서 소명은 직분과 연결 된다. 바울의 경우도 마찬가지다. 바울이 이방인의 사도로서의 사명을 받게 된 것이 언제인가? 학자들 간에 크게 두 가지 견해가 있다. 한 가지는 그가 다메섹 도상에서 주님을 만나는 시점에서 결정적인 사명을 받았다는 것이다. 다른 하나의 견해는 바울이 회심한 후에 계속해서 사역을 해 나가면서 이방 선교의 사명을 보다 구체적으로 발견하기 시작했다는 것이다. 대체적으로 후자의 견해가 많은 학자들의 지지를 받는다. 다메섹의 회심 사건이 주님을 적대하던 그가 주님을 증거하는 자로 돌아서는 결정적인 계기가 되었지만, 이방선교의 구체적인 사명을 깨닫게 된 것은 점진적으로 이루어졌다.

바울의 전형적인 선교 방식은 어느 도시든지 유대인 회당이 있으면 먼저 그곳에 찾아가서 예수께서 우리가 기다리던 메시아라는 것을 증언했다. 그는 먼저 유대인에게 가서 복음을 전했다. 그는 빌립보, 데살로니가, 베뢰아와 고린도에 가서도 먼저 회당에 들어갔다. 그러나 그들이 완강하게 배척하였기 때문에 그의 선교 방향을 이방인에게로 돌렸다. 바울은 이런 과정을 거치면서, 자신의 사명이 이방인을 그리스도께 부르는 것이라고 확신하게 됐다.

그러나 바울이 비록 이방인에게 복음을 들고 구원에 나섰지만, 그에게 있어 변함없는 확신은 구원사에 있어서 유대인이 항상 중심이라는 사실이다. 로마서 9-11장을 보면, 바울이 이방인에게 가서 복음을 전하는 것은 이방인을 통해서 유대인을 구원하고자 하는 하나님의 의도를 읽고 있었다. 이방 선교를 할 때도 바울은 항시 예루살렘으로 가서 선교 보고를 함으로 예루살렘 교회와 이방인 교회의 화합을 도모했다. 바울은 이방인들에게 복음을 전함으로 그들을 하나님이 기뻐하시는 산 제물로 드리고자 했다(롬 15:16). 바울은 자신의 이런 사명을 새 언약의 일꾼이나 영의 직분으로 표현하고 있다.

> 그가 또한 우리를 새 언약의 일꾼 되기에 만족하게 하셨으니 율법 조문으로 하지 아니하고 오직 영으로 함이니 율법 조문은 죽이는 것이요 영은 살리는 것이니라 돌에 써서 새긴 죽게 하는 율법 조문의 직분도 영광이 있어 이스라엘 자손들은 모세의 얼굴의 없어질 영광 때문에도 그 얼굴을 주목하지 못하였거든 하물며 영의 직분은 더욱 영광이 있지 아니하겠느냐 정죄의 직분도 영광이 있은즉 의의 직분은 영광이 더욱 넘치리라 영광되었던 것이 더 큰 영광으로 말미암아 이에 영광될 것이 없으나 없어질 것도 영광으로 말미암았은즉 길이 있을 것은 더욱 영광 가운데 있느니라 (고후 3:6-11)

이 본문에서 바울은 자기의 직분을 모세의 직분과 대비하고 있다. 모세의 직분은 옛 언약의 일꾼이라고 한다면 바울은 새 언약의 일꾼이다. 모세에게 주신 것이 정죄의 직분이라면 자신에게 주신 것은 의의 직분이다. 바울은 자신이 이방인의 사도로서 사역을 하지만 이 사역은 모세를 통한 율법과 긴밀한 연속선상에 있다고 믿었다. 바울의 사역은 이방인들이 하나님의 구원 역사에 참여하게 되는 결정적인 계기를 부여하고, 하나님의 구원 역사에 대한 신학적, 성경적 근거를 분명하게 제시하고 있다.

바울의 소명사건은 구약성경에 나타난 선지자들의 소명사건과 유사한 점이 많다. 그래서 그의 소명체험을 선지자들의 상황과 배경하에서 설명하면 이해하기가 쉬울 것이다. 선지자들의 직접적인 소명은 초자연적 경험들과 밀접하게 연관되어 있다: 환상, 청각적 계시, 환희경, 꿈 등. J. 린드블롬은 선지자라는 용어를 광의로 정의했다. 그는 선지자의 본성과 특징들로서 다음의 것들을 열거한다: 하나님에 대한 헌신, 영감, 계시, 계시된 말씀의 선포, 하나님의 끊임없는 통제, 황홀경의 경험과 특별한 부르심.[24] 이러한 특징들 중 바울의 경우 황홀경의 체험에 대한 보고는 명시적으로 나타나지 않는다. 그는 이 체험을 그리스도의 계시에 종속시킨듯 하다.

구약성경을 보면 다수의 선지자들은 그들의 사역 초기에 초자연적인 경험을 했다: 모세의 하나님 체험과 타오르는 덤불(출 3:2 ff.), 사무엘의 청각적 현시경험(삼상 3:1-18), 에스겔의 주님의 손 환상, 두루마리, 기괴한 생물들의 환상들(겔 1:1-3; 27장), 이사야의 보좌에 앉으신 주님 환상과 그의 입술의 정화(사 6:1-13), 예레미야의 주님이 그의 입술의 만지는 환상과 끓는 단지와 아몬드 막대기 환상들(렘 1:9, 11, 13) 등. 일반적으로 보면, 초자연적 경험들의 내용과 주요 특징들은 그 당시의 문화와 종교적 전통들에 의해서 미리 규정되어 있기 때문에, 그런 현상들이 발생하면 사람들이 즉시 그것을 인식할 수 있다. 성경에는 선지자들의 심리적 증후들이나 초자연적 경험들의 외적 묘사는 많지 않다.

사무엘은 이스라엘의 선지자 운동에서, 특별히 황홀경의 현상과 관련해서 전환점이 된다. 사무엘은 황홀경에 있는 선지자들의 모임을 주관하였다. 그러나 엘리야와 엘리사 시대 이후부터 이런 현상은 급격히

---

24 J. Lindblom, *Prophecy in Ancient Israel*(Philadelphia: Fortress Press, 1980), 64.

줄어든다. 여호와의 신이 사울에게 크게 임한 것은 그를 왕으로 세우기 위한 것이었다. 그는 여호와의 신이 그에게 크게 임하므로 예언을 하며 사무엘 앞에서 하루 종일 벌거벗고 드러누워 있었다(삼상 19:24). 그는, 추측건대, 황홀경에 사로잡혀 예언을 하고 있었을 것이다. 민수기 11:16-17, 24-25에는 70인 장로들에게 여호와의 신이 임하여 그들이 장로직을 수행하게 되었다고 기록되어 있다. 여호와의 신이 임한 장로들이 예언하였다는 사실은 고대 이스라엘에도 황홀경의 체험들이 있었음을 말해준다. 바울이 다메섹 도상에서 부활하신 주님을 만난 것은 바로 이런 초자연적 경험에 속한다. 그의 급격한 삶의 변화는 이 경험이 얼마나 강렬했는지를 증거한다.

구약성경은 선지자들의 소명을 위한 성결 예식에 대해 자세하게 기술하지 않는다. J. 린드블롬에 의하면 열왕기상 19:19의 기사는 엘리사의 소명에 대한 예식을 암시하고 있다. 엘리사가 엘리야의 외투를 받았을 때 그는 열두 마리의 황소들을 도살하여 그것을 삶아서 사람들에게 나누어 주고 엘리야를 따랐다. 린드블롬은 황소를 도살한 것은 희생제사를 의미하고 사람들에게 그 살을 나누어 먹게 하는 것은 일종의 종교예식이라고 보았다.[25] 선지자들의 집단에서는 소명받은 선지자를 위해 어떤 예식을 행했을 가능성이 높다. 예레미야와 이사야의 소명 설화는 입술이나 입을 정화하는 어떤 예식이 있었음을 증거한다(사 6:7, 렘 1:9). 린드블롬은 입술의 정화 예식은 메소포타미아와 이집트에서 행해진 성결예식의 한 요소임을 확인한다.[26] 바울의 경우 그는 부활

25 위의 책, 186.

26 위의 책, 106.

하신 주님의 광채로 인해 눈이 멀게 되었는데, 주님의 지시에 따른 아나니아의 안수로 눈이 열리게 되었고 성령을 받았다. 이것이 소명자에 대한 일종의 성결 예식이라 볼 수 있다(행 9:17-18).

선지자들은 위기의 때에 부름을 받았다. 그들은 그들의 예외적인 경험과 직관으로 그 시대의 문제들을 보통 사람들보다 더 효과적으로 잘 해결했다. 모세, 사무엘, 엘리야와 엘리사와 같은 선지자들은 이스라엘 역사에서 급격한 변화의 때에 나타났다. 과도기에는 비전통적이고 주변적인 선지자들이 제도권 종교에 대항해서 혁신적인 역할을 감당했다. 이 과도기에 선지자의 역할은 하층 계층의 사람들에게 일종의 탈출구를 마련해 주고, 고도로 제도화된 종교에는 혁신의 기회를 제공해 준다. 이 시기의 선지자들은 소명을 통하여 권위와 능력을 부여 받았다. 바울의 경우가 이와 유사하다. 그는 예수의 열두 제자 중에 들지 않았고 교회를 박해하던 인물이었지만, 그의 소명으로 인해 사도의 권위를 주장하게 된다. 사도행전에 그의 소명 설화가 예외적으로 세 번이나 기술되어 있는 것은 바로 이러한 이유 때문일 것이다(9, 22, 26장).

많은 선지자들은 그들이 부름 받았을 때에 부정적인 반응, 즉, 주저하고, 피하고, 직접적으로 거절하기도 하였다(출 3:11, 4:10, 13, 6:12; 사 6:15 ff.; 삼상 9:21; 렘 1:6; 욘 1:12 등). 이러한 반응들은 자연스러운 것이다. 왜냐하면 소명을 받아들이는 것은 초자연적인 존재를 끊임없이 의식해야 하고, 공동체에서 중한 책임을 맡아야 하기 때문이다. 구약의 많은 선지자들은 정치적이거나 종교적인 박해를 받았다. 바울의 경우도 예외가 아니다. 그의 고난목록(고후 11:23-28)을 보면 그가 얼마나 많은 고난을 받았는지를 알 수 있다. 그 목록의 처음에 동족인 유대인들에게서 받은 고난이 나온다. 그러나 몇몇의 선지자들은 그 부르심을 주저 없이 받아들이기도 하였고 때로는 그것을 환영하였다(사 6:8; 겔 3:2 ff.). 소명설화는 그 부르심의 기원과 목적을 밝힘으로 선지자와 그의 메시지에 권위를 부여한다. 사실, 사명과 메시지는 최초의 소명 체험과 분리될 수 없다.

비록 현존하는 소명설화는 추종자들이 수정하기도 하고, 추가하고 조정한 것이 사실이지만, 소명이 소명자의 자기 정체성을 형성하는 데 중요한 역할을 하고, 그의 사역에 객관적인 권위를 부여한다는 점은 결코 과소평가될 수 없다. 일반적으로, 소명의 합법화는 제도권의 인정으로부터 오거나 아니면 소명자가 주장하는 가치와 신념에 대한 일반 대중의 평가로부터 온다. 그래서 이런 합법화 과정을 거치지 않은 선지자들은 적대자들의 공격 대상이 된다. 그래서 그들은 미래를 정확하게 예측한다든지 혹은 공동체의 문제를 해결함으로서 공동체의 인정을 받고자 한다. 교회를 박해한 사실로 인해서 교회의 인정을 받기 어려웠던 바울은 이방지역에서 그 자신이 사역한 열매로서 자신의 사도권을 변증할 수밖에 없었다:

> 내가 자유인이 아니냐 사도가 아니냐 예수 우리 주를 보지 못하였느냐 주 안에서 행한 나의 일이 너희가 아니냐 다른 사람들에게는 내가 사도가 아닐지라도 너희에게는 사도이니 나의 사도됨을 주 안에서 인친 것이 너희라(고전 9:1-2)

소명의 주제에는 항시 소명의 진위 문제가 관심의 대상이 된다. 구약성경은 거짓 선지자들에 대해서 혹독한 처벌을 하도록 되어있다(신 18:20 이하). 이로 인해서 선지자들 간에 갈등이 자주 일어났다. 예레미야는 하나니야의 거짓 예언을 고발하였는데, 하나니야는 나중에 사형 판결을 받게 된다. 이 문제에 관련해서 신명기 저자는 거짓 예언자들을 구별하는 기준으로 예언의 실현 여부를 제시하고 있다. 참된 예언자의 예언은 그것이 실현되어야 한다(신 18:22). 참된 예언자는 현재의 어려운 문제를 그들의 계시와 영감에 따라 해결해야만 한다. 사도 바울도 다른 복음, 다른 예수와 다른 영을 전하는 거짓 사도들과 격렬하게 투쟁했다.

선지자 소명의 특징은 계시적 말씀 사건에 대한 강조이다. 선지자들은 어떤 특정한 계시나 위임과 관련하여 신적인 말씀을 통하여 부름을 받는다(출 3:10, 삼상 3:1-4, 사 6:11-24, 렘 1:4-19, 사 6:1-13, 욘 1:1 ff. 등). 그래서 선지자의 소명은 어떤 지위보다는 계시나 위임을 위한 것이고, 그 소명은 사전에 어떤 통보 없이 급작스럽게 주어진다. 린드블롬이 잘 지적했듯이, 구약성경은 선지자들의 소명을 메시지에 초점을 맞춤으로 초월적 신비체험을 최소화 한다. 선지자직의 중심은 신적인 계시에 있다. 바울은 이것을 분명하게 선언한다: "형제들아 내가 너희에게 알게 하노니 내가 전한 복음은 사람의 뜻을 따라 된 것이 아니니라 이는 내가 사람에게서 받은 것도 아니요 배운 것도 아니요 오직 예수 그리스도의 계시로 말미암은 것이라"(갈 1:11-12). 바울은 자신이 계시를 받은 것과 같은 방식으로 사도직을 받았음을 분명히 하고 있다: "사람들에게서 난 것도 아니요 사람으로 말미암은 것도 아니요 오직 예수 그리스도와 그를 죽은 자 가운데서 살리신 하나님 아버지로 말미암아 사도된 바울은"(갈 1:1). 대체적으로, 선지자들은 성령에 사로잡혀 무의식적 상태에 있기 보다는 성령의 계시에 아주 민감한 상태에 있었다.

계시적 상태에 있다는 것은 성령의 감동(강한 영향력)으로 때로는 신비스러운 환상과 계시, 그리고 그것을 통한 황홀경(엑스터시, 감격, 환희)의 상태에 있을 수 있다. 예를 들면, 몸속에서 자신의 혼이 빠져나갔다가 들어갔다가 하는 체험도 한다, 바울은 이 상태에서 자신의 혼이 들어갔는지 나갔는지도 모르겠다고 말하기도 했다(고후 12:1-4). 그러한 상태에서는 황홀경뿐 아니라 종종 헤아릴 수 없는 두려움, 불안, 고뇌 등의 정서적 현상도 나타난다. 이런 체험이 신비하다고 해서 이런 체험만을 열심히 추구하면 그릇된 신앙으로 빠지기가 일쑤다. 그래서 이런 체험을 한 사람들에게는 적절한 영성 지도가 필요하다.

바울은 환상과 계시를 받고 "크게 기뻐함으로"(고후 12:9) 자신의 약한 것들과 고통을 "기뻐하노니"(고후 12:10)라고 고백한다. 예수께서도 하나님의 뜻을 깨달으시고 성령 안에서 기뻐하심이 기록되어 있다: "그 때에 예수께서 성령으로 기뻐하시며 이르시되 천지의 주재이신 아버지여 이것을 지혜롭고 슬기있는 자들에게는 숨기시고 어린아이들에게는 나타내심을 감사하나이다 옳소이다 이렇게 된 것이 아버지의 뜻이니이다 내 아버지께서 모든 것을 내게 주셨으니 아버지 외에는 아들이 누구인지 아는 자가 없고 또 아들과 아들의 소원대로 계시를 받은 자 외에는 아버지가 누구인지 아는 자가 없나이다 하시고"(눅 10:21-22). 사람들은 말로써 표현할 수 없는 신비 체험과 그에 따른 순수한 감격과 기쁨, 이런 것을 체험하고 싶어 한다.

현대 기독교인들은 너무 습관적이고 전통적 신앙에 젖어서 건전한 신앙생활에서 이러한 감격과 감동의 경험이 부족하다는 것은 참 안타까운 일이다. 이런 기쁨은 예수님의 경우나 바울 사도 그리고 선지자들의 경험에서 보듯이, 무엇보다도 성령의 조명을 받아 말씀을 깨달을 때 오는 것이다. 이런 감격과 기쁨이 결핍되면 사람들은 교회를 떠나 주술적이고 신비적인 종교나 성적인 황홀경이나 마약에 빠지게 되기 쉽다. 그런데 그 무엇보다 긍정적이고 건강하며 순수한 기쁨은 성령의 감동으로 체험되는 기쁨이다.

이런 상태에서 많은 선지자들에게 하나님의 말씀이 계시된다. 예를 들면, 요한계시록에서, 요한은 환상 중에 예언이 담긴 작은 두루마리를 먹는다. 그런데 이 예언의 두루마리는 입에는 달고 배에는 쓴 것으로 표현되어 있다. 요한이 예언을 받을 때는 달고 감미로우나 그 내용이 무서운 심판이기 때문에 고통스러운 것이다. 바울도 이런 계시 체험을 통해서 이제까지의 모든 삶이 완전히 뒤바뀌게 된 것이다. 이것을 영안의 열림으로 볼 수 있는데, 이 체험을 통해서 바울은 자기가 살아왔던 세계와 전혀 다른 새로운 세계를 보고 깨닫게 되었다. 이러한 체험은 자신이 살고 있는 세계를 초월한 세계가 존재한다는 것을 실감하게 하고, 관념적으로 알고 있었던 것을 현실적으로 알 수 있게 한다.

바울은 이러한 체험을 통하여 영적으로 눈이 열렸다. 이로써 그에게는 큰 변화가 생겼는데, 이것은 자신의 문제, 고통, 절망, 고뇌를 다른 시각으로 보게 되었고 이것들로부터 해방되는 것을 체험하게 되었다는 것이다. 예수님은 이러한 체험을 '거듭남'(요3:5)으로 표현하셨고, 우리는 이를 중생 또는 회심으로 표현한다. 이 거듭남이 있어야 과거 자신의 모습을 새로운 눈으로 보게 된다. 거듭남 이전에는 문제의 원인을 알 수 없어 고뇌할 수밖에 없는데, 거듭나면 영적인 눈이 떠짐으로써 모든 문제의 근본 원인이 보이고, 해결점마저도 찾기 시작하게 되는 것이다.

누구보다도 열심히 율법을 배우고 지켜왔던 바울도 그 율법으로 해결할 수 없는 문제를 예수 그리스도 안에서 해결할 수 있었다. 고린도후서 3:12-18을 읽어보자.

> 우리가 이같은 소망이 있으므로 담대히 말하노니 우리는 모세가 이스라엘 자손들에게 장차 없어질 것의 결국을 주목하지 못하게 하려고 수건을 그 얼굴에 쓴 것 같이 아니하노라 그러나 그들의 마음이 완고하여 오늘까지도 구약을 읽을 때에 그 수건이 벗겨지지 아니하고 있으니 그 수건은 그리스도 안에서 없어질 것이라 오늘까지 모세의 글을 읽을 때에 수건이 그 마음을 덮었도다 그러나 언제든지 주께로 돌아가면 그 수건이 벗겨지리라 주는 영이시니 주의 영이 계신 곳에는 자유가 있느니라 우리가 다 수건을 벗은 얼굴로 거울을 보는 것 같이 주의 영광을 보매 그와 같은 형상으로 변화하여 영광에서 영광에 이르니 곧 주의 영으로 말미암음이니라 (고후 3:12-18)

본문에서 바울은 믿지 않는 유대인들의 모습과 그리스도를 만난 자신의 모습을 대조시키고 있다. 바울도 이전에는 구약성경을 읽을 때 마치 수건을 가린 듯 하나님을 희미하게 알 수밖에 없었고, 구원, 믿음, 소망 모두가 희미하였다. 그러나 그가 그리스도를 체험함으로 그 수건이 없어지고 수건을 벗은 얼굴로 주님의 영광을 볼 뿐 아니라, 주님의 영광스런 그 형상으로 변하여 가니 이것은 주의 영 곧 성령으로 말미암는다. 여기서 바울은 문자를 뛰어넘는, 즉 수건이 가려진 성경이 성령으로 온전히 읽혀짐의 체험을 하게 된다. 바울은 유대인으로서 문자로 된 율법을 열심히 지키다가 부활하신 주님을 만난 것이었다. 주님을 만나지 못한 유대인들은 아직도 그 문제에 붙잡혀 있다: "그러나 그들의 마음이 완고하여 오늘까지도 구약을 읽을 때에 그 수건이 벗겨지지 아니하고 있으니 그 수건은 그리스도 안에서 없어질 것이라"(고후 3:13). 결국, 그리스도가 없으면 구약은 바로 읽을 수 없다: "그리스도는 모든 믿는 자에게 의를 이루기 위하여 율법의 마침이 되시니라"(롬 10:4). 바울은 부활하신 그리스도를 통하여 이 계시를 받았고 또 그것을 전하는 사명을 받았다.

2) 바울의 사도직 소명

바울은 자신의 사도직에 대한 도전과 공격을 많이 받았다. 바울은 스스로 사도로 부르심을 받았다고 믿었지만 초대 교회가 내세운 사도의 요건을 갖추지 못했다. 배신하고 떠난 유다를 대신하여 열두 사도직의 일원이 될 수 있는 요건은 이러했다: "이러하므로 요한의 세례로부터 우리 가운데서 올려져 가신 날까지 주 예수께서 우리 가운데 출입하실 때에 항상 우리와 함께 다니던 사람 중에 하나를 세워 우리와 더불어 예수께서 부활하심을 증언할 사람이 되게 하여야 하리라 하거늘"(행 1:21-22). 그의 사도직은 역사적 예수로부터가 아니고 부활하신 주님의 부르심에 근거해 있었다. 이것이 그의 사도직에 대한 논란의 근본 원인이 되었다. 그는 그 어느 누구보다도 사도로서의 소명 의식이 강했기 때문에 그의 사도직에 대한 도전과 공격은 그의 선교에 영향을 미쳤다.

바울은 고린도전서 15:9에서 "나는 사도 중에 지극히 작은 자라 … 사도라 칭함을 감당치 못할 자로다."라고 술회하고 있다. 그는 "하나님의 교회를 핍박하였고" 그리스도께서 그에게 나타난 것은 사도들 중에 "맨 나중"이었기 때문이다. 그는 객관적 기준으로 보면 "만삭되지 못하여 난 자"(ektroma)(고전 15:8) 같았다. 이 말은 그의 급격하고 이상스러운 전향으로 인하여 그의 대적자들이 모욕적으로 그렇게 불렀을 가능성도 있다. 그는 어쨌든 유산의 위기에 처하여 사도의 반열에 속하기 어려웠던 것은 사실이다.

헬라 세계의 기준으로 볼 때 바울이 지도자로서 부족한 점이 없지 않았을 것이다. 고린도후서 10:10을 보면, 바울의 편지는 힘이 있으나 그의 말은 설득력이 약하고 시원찮아 보였다. 바울 자신도 "내가 비록 말에는 졸하나"(고후 11:6)라고 시인하고 있다. 외모 또한 당당하지 못하며 약하게 보였음에 틀림없다. 이는 바울 자신이 고백하듯이 그는 "육체에 가시"(고후 12:7)가 있었고 처음 고린도에 도착했을 때 "약하며 두려워 하며 심히 떨었도다."(고전 2:3)라고 기록하고 있다. 또한, 전술한 대로 행전에 나타난 열두 제자의 요건도 바울은 충족시키지 못했다. 그는 요한의 세례 때부터 함께 다니던 자들 중에 들어있지 않았다. 그가 예수 생존 시 부르심을 받지 못한 것은 두말할 나위가 없지만 직접 생존 시의 예수를 만났다는 증거도 없다. 바울이 역사적 예수를 만났을 기회가 있었을까?

예수와 바울은 동시대 인물들이었고 지역적으로 보아서도 서로 만났을 가능성은 있다. 그러나 현재 우리가 가지고 있는 자료로서는 명확한 답을 얻을 수가 없고 대체적인 가능성만 짚어볼 수 있을 따름이다.

바울의 서신들 가운데서 맨 먼저 우리의 관심을 끄는 구절은 고린도전서 9:1이다 : "내가 … 예수 우리 주를 보지 못하였느냐?…" 이 질문은 바울 자신의 사도권에 대해서 의문을 제기하는 일부 고린도 교인들에게 던진 질문이다. 대부분의 학자들에 따르면 이 구절에서 바울이 보았다고 하는 분은 공생애 기간 중의 예수가 아니라 부활하신 주님이다. 이런 결론에는 여러 가지 근거가 있겠지만, 그중의 하나로서 로마서 4:24에서 바울이 "예수 우리 주"라는 호칭을 사용하고 있는데, 이곳의 주는 고린도전서 9:1과 같이 부활의 주를 지칭하고 있다는 것이다. 고린도후서 5:16에서 바울은 "그리스도도 육체대로 알았으나 이제부터는 이같이 알지 아니하노라"고 적고 있다. 바울이 소년 시절을 예루살렘에서 보내고 사도행전의 증언대로(22:3) 가말리엘 문하에서 교육받았다고 볼 때, 그가 예수를 직접 만났을 가능성이 있지만, 불트만의 말처럼, 고린도전서 9:1을 근거로 해서 바울이 예수를 육신적으로 대면했다고 보기는 어렵다.[27]

'보다'라는 동사가 고린도전서 15장 5-8절에서 수동형으로($\omega\varphi\theta\eta$) 부활하신 그리스도를 만난 사실을 기술하는 데 사용되고 있는 것을 볼 때, 바울이 고린도전서 9:1에서 말한 '보았다'는 의미도 부활하신 그리스도를 지칭할 가능성이 크다. 이 부활의 증인 목록에서 바울은 그리스도께서 맨 마지막에 자신에게도 나타나신 것을 밝히고 있다(15:8). 이상의 사실을 근거로 해보면, C. T. 크레이그(Craig)의 말대로, 초대 교인들과 마찬가지로 바울의 경우도 예수 그리스도와의 관계성은 예

27 R. Bultmann, *Existence and Faith*(Living Age Books, 1964) 133.

수의 부활 사건에 의해서 확립되었다[28]. 이러한 연유로 해서 바울은 고린도전서 15장에서 부활의 증인들에 관한 전승을 되풀이하고 있으며 이 목록이 초대 교회에서 중요한 역할을 했음을 짐작할 수 있다.

역사적 예수를 동행한 제자들의 입장에서 보면 그는 알지 못하는 자였다. 사실, 바울은 사도직의 의미를 되새길 때마다 그가 사도로서 적합하지 못하다는 점을 시인한다. 그러나 그가 객관적 여건으로 볼때 사도로서 적합하지 못한 점이 많았지만, 역설적으로 말하면, 그렇기 때문에 그는 더욱 적법한 사도이기를 원했다. 고린도전서 15:9-10에서 보듯이 그는 사도일 뿐 아니라 "모든 사도보다 더 많이" 수고하였다고 말한다. 그 이유는 하나님의 은혜가 함께하였기 때문이다.

바울의 사도직에 대한 비판은 주로 두 가지 근거를 가지고 있다. 그 하나는 유대적 기독교의 배경을 가지고 있고 다른 하나는 헬라적 기독교와 관련이 있다. 먼저 유대적 기독교의 배경을 가진 비판을 살펴본다. 바울은 그의 서신들 여러 곳에서 그의 사도직은 인간적 근원이나 중개를 거치지 않았다고 강하게 진술하고 있다. 특히 갈라디아서 1:1에 나타난 바울의 선언은 그의 사도권이 당시 지배적인 영향력을 가진 예루살렘 교회와 열두 사도들과 무관하다는 사실을 강조한다: "사람들에게서 난 것도 아니요 사람으로 말미암은 것도 아니요 오직 예수 그리스도와 그를 죽은 자 가운데서 살리신 하나님 아버지로 말미암아 사도 된 바울은"(갈 1:1).

바울이 이러한 선언을 하게 된 배경이 무엇일까? 그것은 바울의 대적

---

28 *The Beginnings of Christianity*(New York, 1943), 135

자들이 바울 사도의 적법성을 예루살렘 교회와의 관계에서 찾고 있었을 것이라 유추해 볼 수 있다. 다시 말하면, 대적자들은 열두 제자들이 중심이 된 예루살렘 교회로부터 바울은 자신의 사도권을 인정받아야 된다고 보았다. 대적자들의 이 비판은 역사적으로 볼 때 상당히 설득력있는 주장이었음에 틀림없다. E. W. 버턴(Burton)은 바울 문제의 근원이 여기에 있다고 보았고 이 문제는 대적자들의 주장에 논리적, 제도적 근거를 제공한다고 설명했다.[29]

바울의 대적자들은 이렇게 질문할 수 있었을 것이다: 만약 바울이 예루살렘 사도들로부터 아무것도 받지 못했다면 그것은 분명 그에게 불리한 것이다. 예루살렘 사도들은 예수의 직접 부르심을 받은 자들이고 예수의 행적을 보고 말씀을 들은 자들이다. 이런 맥락에서 대적자들과 그들에게 동조하는 자들은 바울의 선교방식이 사도들의 것과 다르다는 사실을 이상하게 생각했을 수도 있다. 그리고 그들은 이런 관점에서 바울을 비판했을 것이다. 만약 바울이 그들에게서 권위나 위임을 받지 못했다면 그의 권위와 복음의 진실성을 어떻게 인정할 수 있겠는가?[30] 바울이 떳떳이 교회의 보조를 요구하지 못하는 것은 바로 이런 이유 때문이 아닌가? 그들은 아마 예루살렘 교회로부터 받은 천거서를 보이면서(고후 3:1) 그것이 없는 바울을 공격했을 것이다.

이에 대해서, 바울은 부활하신 주님이 자신을 사도로 부르신 것을 분명히 했다. 버턴은 갈라디아서 1:1의 "죽은 자 가운데서 그리스도를 살리신"이란 구절은 역사적 예수를 강조함으로서 바울의 사도성을 부

29 E. W. Burton, *The Epistle to the Galatians*(Edinburgh: T & T Clark, 1980), 4.
30 위의 책, 87.

인하는 대적자들을 의식해서 바울이 넣은 것이라 본다. 즉 바울은 부활하신 주께서 자신을 사도로 삼으셨다고 말하고 있는 것이다.[31] 그가 많은 교회들을 개척한 것은 바로 그리스도의 능력이 자신 안에서 역사하신다는 증거요, 그리스도께서 자신을 사도로 삼으신 증거요 추천서인 것이다: "너희가 우리의 편지라. 우리 마음에 썼고 뭇 사람이 알고 읽는 바라"(고후 3:2). 그는 복음의 열매가 그 무엇보다도 자신이 사도임과 자신의 메시지가 주님의 계시라는 사실을 증명할 수 있는 근거임을 그 누구보다도 잘 알고 있었다. 이 문제는 베드로를 위시한 역사적 사도들에게는 전혀 문제로 부상하지 않았다.

바울에 대한 또 다른 반대는 주로 헬라 종교적 배경에서 기인한다. 헬라세계에서는 그들 나름대로 지도자들에 대한 평가 기준을 가지고 있었다. 이방 교회들은 적법한 사도를 인식하는 기준으로 신적인 능력의 소유와 말과 지식의 탁월함을 중요시하였다. 고린도후서 13:3에서 바울은 "그리스도께서 내 안에서 말씀하시는 증거를 너희가 구함이니"라고 쓰고 있는데, 이것은 교인들 중의 일부 사람들이 그를 평가하고 시험하고 있다는 것을 암시한다.

이 사실은, C. K. 배럿(Barrett)이 지적한 대로, 고린도후서 13:3-9에서 시험이라는 용어가 8회나 나타나는 것으로 알수 있다.[32] 고린도후서 12:12의 "사도의 표된 것"(semeia tou apostolou)란 용어는 바울이 평소 사용치 않는 용어인데, 아마 대적자들이 쓰는 용어를 바울이 빌려 썼을 가능성이 크다. 대적자들은 바울이 사도로서의 표징을 가지

---

31 위의 책, 7.

32 C. K. Barrett, "Paul's Opponents in 2 Cor" *NTS* 17 248.

고 있는지를 살폈는데, 이 표징들은 이적과 기사를 행하는 능력을 말한다.[33] 또한, 이방교인들은 사도는 말과 지식에 뛰어나야 된다고 보았다. 헬라세계에서 대중을 설득할 수 있는 웅변술과 지식은 지도자의 기초 요건이다. 바울은 고린도후서 11:6에서 "내가 비록 말에는 졸하나 지식에는 그렇지 아니하니"라고 쓰고 있는데, 이것은 고린도 교회에서 사도는 말과 지식이 탁월해야 할 것을 기대하고 있음을 말한다. 이런 배경에서 바울의 대적자들은 바울의 말이 어눌하다는 점을 들어 그의 사도성에 도전하였다.

고린도 교인들이나 바울의 적대자들이 그의 사도성과 메세지의 신뢰성에 대하여 평가하고, 때로는 시험하는 것은 그들의 합당한 권리일지 모른다. 그러나 바울이 여기서 문제 삼는 것은 그들이 제시하는 평가 기준이다. 그들은 전파되는 메세지의 내용보다도 외적인 요건, 즉 추천서, 신임장, 이적과 기사, 당당한 외모나 웅변술 등을 사도의 요건으로 제시한다. 그러나 그에게는 그리스도께서 그의 안에서 역사하시는 증거는 오직 예수 그리스도의 십자가와 부활의 능력일 뿐이다. 그에게 있어서 예수의 십자가는 미련한 것과 약한 것을 상징한다(고전 1:18). 예수 그리스도는 그의 약함을 통해서 하나님의 능력을 덧입었다. 따라서 바울도 그의 약함을 자랑하며(고후 11:30), 이 약함을 통해서 능력 덧입기를 원했다(고후 12:9).

그래서 바울은 비록 자신이 사도이지만 예수 그리스도의 종으로서, 또한 교인들의 종으로서 얼마나 비천한 삶을 살았는지를 보여준다.

---

33 위의 글, 245.

바울은 자신의 그러한 삶으로 다음의 진리를 증언한다: 예수를 주라 시인하는 자는 그 자신이 누구의 주가 될수 없다(고후 1:24). 그는 그들의 신앙을 주관해서는 안 되며 오히려 그들을 섬기는 자가 되어야 한다. 바울이 그의 사도권을 격렬하게 방어한 것은 그의 계시가 오직 주님으로부터 온 것임을 확증하기 위한 것이었다.

바울은 사도직을 어떻게 이해하였는가? 다음 세 가지로 요약해 볼 수 있다.

첫째, 바울이 사도직을 이해하는 데 있어서 중요한 구절은 고린도후서 5:16이다: "그러므로 우리가 이제부터는 아무 사람도 육체대로 알지 아니하노라, 비록 우리가 그리스도도 육체대로 알았으나 이제부터는 이같이 아니하노라." 여기서 바울은 예수를 육체대로 이해하지 않는다고 선언한다. 유대교의 결정적 실패는 모세의 율법을 문자로 이해하는데 있었다. 마찬가지로 초대 교회의 문제점은 예수를 육체대로 아는 것이다. "육체대로"(kata sarka)의 의미는 세상적 기준을 말하고, 이 기준은 바울의 사도성을 평가하는 데 사용되었다. 바울 사도직의 문제는 그가 예수의 직접적인 부르심을 받지 못했을 뿐 아니라 예수의 위임을 받은 예루살렘의 사도들 중에 들지 못한다는 사실이었다. 그럼에도 불구하고 그가 다른 사도들보다 조금도 부족한 것이 없다(고후 11:5)고 말할 수 있었던 것은 부활하신 그리스도의 부르심을 입고 부활의 능력을 덧입었기 때문이었다. 즉, 다른 사도들은 육체적 예수와의 관계에 근거해 있다면 그의 사도직은 부활하신 그리스도에게 속해 있는 것이다.

예수와의 역사적 연계성으로 인하여 최고의 권위와 영향력을 가진 사도들에 대한 바울의 이러한 인식은 근본적으로 화해하기 어려운 문제를 제기할 가능성을 안고 있다. 바울의 사도직과 계시는 역사적 예수의 행적과 가르침을 근거로 한 예루살렘 중심의 기독교의 정체성을 위태롭게 할 오해의 소지를 품고 있다. 바울은 예루살렘 사도들의 권위를 인정하지만 자신의 사도직은 다른 사도들에게 의존하지 않는다는 점을 분명히 하고 있다(갈 1:17). 그래서 바울은 그의 대적자들처럼 예루살렘 사도들의 천거서를 받을 필요가 없었다. 종종 오해의 소지를 안고 있지만, 그는 스스로 천거할 수 있을 만큼 자신의 사도직에 확신을 가지고 있었다(고후 3:1).

둘째, 바울은 그의 사도직을 역사적인 요건과 결부시키지 않고 부활하신 그리스도가 주시는 메세지 즉, 계시와 결부시켰다. 사도직은 사도적 메세지와 불가분의 관계에 있다. 이 기준에 의하면 적법한 사도는 적법한 복음을 전하는 사도이다. 만약 누구든지 '다른 복음', '다른 예수'와 '다른 영'을 전하면 그는 거짓 사도인 것이다(고후 11:4). 이 말은 그가 어떤 추천장을 가지고 있고 어떤 기적과 이사를 행하더라도 그것들이 그의 사도성을 보장하지 못한다는 것이다. 그래서 바울은 사도라는 칭호를 배타적으로 사용하고 있다. 그는 그의 동역자들인 실라, 디모데, 디도, 아볼로에게 사도라는 칭호를 부여하지 않았다. 그리고 그의 서신들에는 빌립보서와 빌레몬서를 제외하고는 그의 이름 뒤에 반드시 사도라는 칭호를 붙였고, 복음의 진위가 문제되는 갈라디아서의 경우는 그의 사도성을 그 어떤 서신들보다 더 강조했다. 로마서는 오직 바울 자신의 이름으로 보내졌다.

셋째, 바울은 그의 사도직을 가끔 어머니의 역할(고전 3:1-2, 갈 4:19, 살전 2:7-8), 또는 아버지의 역할(고전 4:15, 고후 11:2, 살전 2:11-12)에 비유한다. 이것은 바울이 사도직을 교인들의 영적인 부모와 같은 역할로 보았다는 것을 말한다. 사도는 교인들을 위하여 해산하는 수고를 하며(갈 4:19, 고전 4:15), 젖을 먹이고(고전 3:2), 유모같이 양육하며(살전 2:7), 부모로서 위로하고 경계하며(살전 2:11), 그들을 위하여 그리스도와의 결혼까지 중매하는(고후 11:2) 역할을 하는 사람이다. 이 사도직은 헌신하고 사랑하며 희생하는 자리였다. 그의 헌신과 봉사가 지극하였기에 그는 자신을 교인들을 위한 종이라고까지 단언했다(고후 4:5).

바울이 그의 대적자들과 다른 점은 그의 독특한 기독론에 연유한다. 예수의 제자는 예수께서 자신을 비우시고 십자가를 진 것같이 겸손하고 섬기는, 그리고 희생하는 자리에 있어야 된다고 보았다. 그는 이러한 신념에 근거하여 그 자신의 약함에도 불구하고 사도로서 담대하게 그의 사역을 감당할 수 있었다.

바울이 그 사명으로 새로운 삶을 살았던 것같이 우리도 사명을 가지는 날이 새롭게 태어나는 날이다. 사명을 가진다는 것은 새로운 삶이 시작하는 출발점이다. 사명인으로 살아간다는 것은 두 번 태어난 특권을 가진 사람들이다. 그들은 선택된 사람들이고 하늘의 유업을 가진 사람들이다. 세상에 태어나서 방향을 상실하고 사는 사람들이 너무 많다. 이 사명을 가지게 될 때 우리가 모든 것을 가진 것 같다. 빌립보서 7장 6-8절을 보면 바울은 사명을 가진 이후 이제까지 유익하게 생각한 것을 다 해로 여겼다고 했다.

복음의 사명을 받으면 참된 자유가 있다. 우리를 억압하는 것들에서 자유함을 느낀다. 아무것에도 매이지 않는 이 자유함…, 이 자유함 속에 능력과 기쁨이 있다. 이것은 하나님의 사명이 없으면 우리가 맛볼 수 없는 자유함이다. 성령 안에 있을 때 겉 사람은 날로 쇠하여 가는 것 같지만 속사람은 그리스도 안에서 자유함을 가지고 기쁨과 능력과 소망 가운데서 살아갈 수 있다. 바울은 말한다: “자녀이면 또한 상속자 곧 하나님의 상속자요 그리스도와 함께 한 상속자니 우리가 그와 함께 영광을 받기 위하여 고난도 함께 받아야 할 것이니라 생각하건대 현재의 고난은 장차 우리에게 나타날 영광과 비교할 수 없도다”(롬 8:17-18).

바울은 자유인의 삶을 살면서 고난의 삶도 살았다. 사실 우리의 고난은 남이 보기에는 대단치 않게 보여도 우리에게는 힘들 때가 많다. 우리 삶이 비록 겉으로 보면 평온한 것 같지만 각자가 당하는 고난은 크다. 바울에게는 이 모든 고난과 환란과 염려도 하나님께서 주신 사명 즉 복음의 증인이 되는 것을 결코 막을 수가 없었다. 우리가 이것을 깨닫게 되면 하나님이 주신 은총을 결코 빼앗기지 않는다: “그러나 이 모든 일에 우리를 사랑하시는 이로 말미암아 우리가 넉넉히 이기느니라 내가 확신하노니 사망이나 생명이나 천사들이나 권세자들이나 현재 일이나 장래 일이나 능력이나 높음이나 깊음이나 다른 어떤 피조물이라도 우리를 우리 주 그리스도 예수 안에 있는 하나님의 사랑에서 끊을 수 없으리라”(롬 8:37-39). 바울은 부름의 상을 위해서 고난과 시련가운데서도 끝까지 푯대를 향해서 나갔다. 그는 “내가 달려갈 길과 주 예수께 받은 사명 곧 하나님의 은혜의 복음을 증언하는 일을 마치려 함에는 나의 생명조차도 조금도 귀한 것으로 여기지 아니하노라”(행20:24)고 고백했다.

제3장

바울신학의 주제들

1) 율법과 복음

2) 십자가와 부활의 예수 그리스도

3) 성령

제3장

바울신학의 주제들

바울이 회심한 이후에 원시 기독 공동체의 일원이 되고, 그 이전에 이미 형성된 기독 공동체의 영향을 받았으리라는 사실은 의심의 여지가 없다. 그 기독 공동체에는 예수의 가르침과 삶을 직접 듣고 목도한 사도들의 증언과 가르침이 있었을 것이고, 오순절 사건 이후의 성령의 역사에 동참한 많은 사역자들의 계시와 예언들이 있었을 것이다.

일반적으로, 초대 교회의 전승은 주로 예수의 말씀과 행적을 전하는 것과 오순절 이후 교회의 성립과 확장 가운데서 발생한 신앙 고백적인 것들로 구성되어 있다. 이 전승들이 형성된 지역이나 공동체의 성격에 따라 팔레스타인 기독 공동체의 전승과 헬레니즘 기독 공동체의 전승으로 나누기도 한다. 바울이 받은 전승의 중요성을 약화시키거나 망각함은 기독교의 모체가 되는 원시 기독 공동체의 역할과 중요성을 과소평가하는 것이 된다.

바울은 주로 전승에 의존하여 역사적 예수에 관하여 다음과 같은 사실들을 알고 있었다. 예수님은 율법의 교육을 받았고(롬 15:8), 유대인으로서(롬 9:5), 여자의 몸에서 나셨고(갈 4:4), 혈통으로서는 다윗의 자손이었으며(롬 1:3), 그의 몸은 진정한 육체를 입으셨고(골 1:22), 형제들이 있었으며(고전 4:5), 잡히시던 밤에 만찬을 제자들과 함께 베풀었고(고전 11:23), 고난을 당하였으며 십자가상에서 죽으시고(빌 2:8), 부활하셔서 제자들에게 나타나셨다(고전 15:3-7).

바울은 먼저 믿은 자들로부터 예수님에 관한 지식들을 전수받았지만, 그가 이해한 예수 그리스도는 그가 직접 받은 계시가 없이는 설명될 수 없다. 예수 그리스도와의 관계는 다메섹 도상 이후에 그에게 임한 많은 "주의 환상과 계시"(고후 12:1)로 계속되었으며. 이것은 일시적인 한 사건에 의한 것이 아니라 그의 사역기간 중에 계속된 관계이다. 바울이 어떤 전승을 어떻게 받았든지 간에 궁극적으로 그것은 그가 받은 계시에 종속되었다는 브루스의 견해에 주의를 기울일 필요가 있다.[34]

그가 받은 계시의 내용은 다양하고 방대하다. 바울이 받은 계시와 신학에 핵심이 있느냐는 질문에 대해서는 다양한 견해들이 제시되어 왔다. 전통적으로는, 이신칭의 즉 예수 그리스도를 믿음으로 구원받는다는 사상이 핵심이라고 생각해왔다. 이 견해에 대해, 바울이 그리스도 안에서 체험한 신비스러운 연합이 바울신학의 핵심이라는 견해도 있다. 또 다른 견해로는, 바울신학의 핵심은 유대인과 이방인의 민족적 차이를 넘는 구원의 보편성에 있다고 본다. 21세기의 포스트모던 시대는 바울신학의 핵심을 추구하기보다는 바울선교와 신학의 상황성을 중시하여 다양한 신학적 주제들을 연구한다. 저자는 바울계시와 신학의 핵

---

34 F. F. Bruce, *Paul and Jesus*, 이길상 역, 『바울과 예수』(아가페출판사, 1988), 27

심에는 다음의 주제들이 상호 유기적으로 연결되어 있다고 본다: 1) 율법과 복음, 2) 십자가와 부활의 예수 그리스도, 3) 성령.

1) 율법과 복음

율법이 '하라', '하지마라'고 명령하고 그것을 실행하지 않으면 무서운 처벌이 뒤따를 때, 율법은 우리 심령 속에서 두려움과 공포를 불러일으킨다. 그리고 그 율법을 주신 하나님을 두려워하게 된다. 그래서 우리는 하나님으로부터 도피하거나 자신을 방어하고자 한다. 율법의 이러한 측면을 잘 이해할 수 있는 배경 이미지가 바로 출애굽기 20:18-21이다. 이 장면은 이스라엘 백성이 홍해를 건너고 광야로 들어가 시내산에 이른 때이다. 이때 모세가 하나님의 부르심을 받고 시내산에 올라가는 모습이 묘사되어 있다.

> 뭇 백성이 우뢰와 번개와 나팔 소리와 산의 연기를 본지라 그들이 볼 때에 떨며 멀리 서서 모세에게 이르되 당신이 우리에게 말씀하소서 우리가 들으리이다 하나님이 우리에게 말씀하시지 말게 하소서 우리가 죽을까 하나이다 모세가 백성에게 이르되 두려워하지 말라 하나님이 임하심은 너희를 시험하고 너희로 경외하여 범죄하지 않게 하려 하심이니라 백성은 멀리 서 있고 모세는 하나님이 계신 흑암으로 가까이 가니라 (출 20:18-21)

계명을 모세에게 주신 이 장면에 나타난 하나님의 이미지는 어떠한가? 여기에서는 무엇보다도 하나님의 거룩성과 그 거룩성에 대한 두려움이 묘사되어 있다. 하나님이 임재하신 시내산에는 우뢰와 번개와 흑암과 자욱한 연기와 삼엄한 경계로 사람뿐 아니라 어떤 짐승들도 접근하지 못하게 했다. 그 경계를 넘어오면 누구를 막론하고 죽임을 당하는 상황이다. 하나님의 거룩하심에 대한 이스라엘 백성의 반응은 오직 두려움으로 벌벌 떨 뿐이다. 그들은 전신에 스며드는 두려움을 하나님 앞에서 뼈저리게 경험했다. 하나님은 그런 두려운 시내산에 모세 한 사람만 오르게 하셨고, 그리고 그에게 율법을 주신 것이다. 그러다보니 이스라엘 백성은 율법을 생각할 때마다 이 율법을 지키지 못한 존재로 하나님 앞에 서는 상황까지도 동시에 상상할 수 밖에 없었을 것이다.

그런 배경에서 주신 하나님의 계명이기에 이스라엘 백성은 그 계명을 들을 때마다 그날의 무서움과 두려움이 고스란히 생각나게 되었다. 그리고 그들은 이에 대한 방어적 심리가 발생하여 그 무섭고 거룩한 하나님으로부터 멀어지기 위하여 율법을 지켰다. 이것이 율법의 방어심리적 억압적 기능이다. 어떻게 하면 그 무서운 하나님을 맞닥뜨리지 않을 수 있을까? 어떻게 하면 그 두려운 하나님으로부터 멀어질 수 있을까? 율법을 지키고자 하는 동기가 그 무서운 하나님으로부터 징계를 받지 않기 위한 수단이요 방어기제에 기인한다. 이것은 하나님을 사랑하고 생명을 얻기 위해서가 아니라 무서운 하나님으로부터 멀리 떨어지되, 처벌받지 않기 위해 율법을 지키는 것이다. 이 두려움을 없애기 위해서는 심리적으로 방어기제의 벽이 필요하다. 다른 말로 하면, 이 두려움으로부터 멀리 있고 싶은 데는 변명이 필요하다. 이런 측면에서 보면, 율법을 지키고자 하는 혼신의 노력마저도 구차한 방어기제가 될 수 있다.

그러나 바울이 예수 그리스도 안에서 깨달은 것은 '하나님은 자기 독생자를 주시기까지 우리를 지극히 사랑하시는 분이라'는 것이다. 그래서 우리의 모든 죄와 허물을 사하시려고 사랑하는 아들을 버리시기까지 하면서 이 지극한 사랑을 나타내 보이신 것이다. 바울은 이 깊은 깨달음을 예수 그리스도와의 만남을 통해 얻었기 때문에, 자신의 생명을 희생한다 하더라도 이 사랑으로부터 끊어지지 않으리라고 고백했던 것이다.

> 누가 우리를 그리스도의 사랑에서 끊으리요 환난이나 곤고나 핍박이나 기근이나 적신이나 위험이나 칼이랴 기록된 바 우리가 종일 주를 위하여 죽임을 당케 되며 도살할 양같이 여김을 받았나이다 함과 같으니라 그러나 이 모든 일에 우리를 사랑하시는 이로 말미암아 우리가 넉넉히 이기느니라 내가 확신하노니 사망이나 생명이나 천사들이나 권세자들이나 현재 일이나 장래 일이나 능력이나 높음이나 깊음이나 다른 아무 피조물이라도 우리를 우리 주 그리스도 예수 안에 있는 하나님의 사랑에서 끊을 수 없으리라 (롬 8:36-39)

우리의 모든 죄를 사하시고 품으시는 용서의 하나님을 만남으로써 바울은 '사랑이란 뭔가?'를 깨닫게 된다. 그래서 고린도전서 13장의 사랑 장에서는 그 어떤 사상가도, 어떤 시인도, 어떤 종교인도 묘사할 수 없었던 놀라운 사랑을 성찰할 수 있었던 것이다. 이것이 성령의 조명하심으로 바울이 깨닫게 된 것이다. 이렇게 바울에게 역사하심으로써 하나님께서 이 놀라운 진리를 깨닫게 하신 것과 같이 우리의 심령과 삶 속에서도 하나님의 놀라운 사랑이 역사하신다. 그리고 사도 바울처럼 모든 것으로부터 자유로울 수 있고, 모든 두려움과 세상의 권세들로부터 승리 할 수 있게 하는 능력이 우리 모두에게 주어졌다.

하나님은 우리를 두려움에서 자유케 할 뿐 아니라, 그의 아들을 통하여 우리 죄를 용서받는 길을 열어주셨다. 이것이 복음의 진수이다. 바울에게 있어서 죄는 욕망의 환유어이다. 죄는 욕망으로부터 생겨나기 때문에 죄와 욕망은 자주 동의어로 쓰인다. "내 속에 거하는 죄"(롬 7:17, 20)는 바로 이 의식적, 무의식적 욕망이다. 바울이 자신 속에 거하는 죄를 깊이 인식했다는 사실은 그가 그리스도 안에 있었다는 증거로 해석될 수 있다. 바울에게 있어서 다메섹의 체험은 바로 이 율법에 의해서 자극되는 죄를 인식하는 계기를 마련해준 셈이다.

그리스도인이 된 바울이 깨달은 진리는 과거 유대교 시절 그는 율법의 행위로 자신을 의롭게 여김으로써 자신 안에 거주하는 죄의 정체성을 깨닫지 못했다는 것이다. 우리 자신이 죄인임을 깊이 인식하지 못하면, 복음은 의미가 없는 것이다. 죄에 대한 불완전한 의식은 자기를 속이는 자기 교만의 근거가 된다. 따라서 인간의 참 모습을 알기 위해서는 성령의 조명이 필요하다. 자기 기만을 파헤치고 내면을 아는 것은 하나님의 영역이다. 크랩에 의하면, 성령의 도우심이 없을 때 사람은 항시 자아중심적임을 알지 못한다. 왜냐하면 자아중심성은 무의식 세계에 근거하기 때문이다.[35] 자아중심성이 죄의 중심에 자리하고 있다.

---

35 L. 크랩, 『성경적 상담학』, 107.

성숙은 자기 중심에 있는 이기적인 갈망들이 노출될 때 가능하다. 성숙은 노출의 고통스러움을 극복하고 이것을 회피하기 위한 자기 보호적 도구들을 거부하는 것을 말한다. 여기서 우리는 율법이 자신 안에 있는 은밀한 죄를 은폐하는 자기 보호적 도구로서 기능하는 것을 알 수 있다. 이 상황은 율법이 죄에 의해서 이용당하는 심리적 과정을 잘 설명해준다. 우리가 자기 보호적 전략에 의존하고 싶은 충동을 거부하고 하나님께 의존할 때 우리의 삶이 바르게 된다.

바울의 편에서 볼 때, 이 사실은 바로 그릇된 동기로 율법을 지키는 것을 거부하고, 오직 하나님께 대한 믿음에 의존해야 한다는 것을 증거한다.[36] 결국, 하나님께 순종한다는 것은 자신 속에 있는 충족되지 않은 갈망의 실체를 깊이 인식하고 스스로 만족을 찾을 수 없다는 철저한 자기 무능력을 인정할 때 가능하다. 이것이 자기 부인의 본질이다. 우리는 우리의 삶을 움직여 나갈 수 있는 수단이 없다는 자각이 순종의 필수 요건이 된다. 다른 말로 하면, 이것은 율법으로 자신을 은폐시키거나 합리화하고자 하는 시도를 포기하는 것이다.

내면의 변화를 가져올 수 없는 율법은 저주가 된다: "의문은 죽이는 것"(고후 3:6)이다.[37] 이것은 바울이 고린도후서 3장에서 말하는 수건(veil)에 덮힌 경전이 가져다주는 유해성이다. 이 수건은 오직 성령 안에서만 제거된다고 바울은 확신하였다. 타이센은 그리스도 안에서 구약을 덮고 있는 수건이 벗겨진다는 것은(고후 3:14) 그리스도 안에서 부정적인 정서가 노출되는 것을 말한다고 보았다. 그는 진정한 변화는

---

36 L. 크랩, 『기독교 상담 심리학』, 319.

37 G. Theissen, *Psychological aspects of Pauline Theology*, 140.

먼저 부정적인 정서의 정화(catharsis)가 있을 때 가능하다고 주장한다.[38]

이런 맥락에서 보면 그리스도는 무의식적인 죄까지 노출시키는 것이라 볼 수 있다. 바울도 이 사실을 암시적으로 지적하고 있다: "내가 자책할 아무것도 깨닫지 못하나, 그러나 이로 인하여 의롭다 함을 얻지 못하노라. 다만 나를 판단하실 이는 주시니라"(고전 4:4). 타이센에 의하면, 바울은 인간 내면의 무의식적인 동기에 대하여 잘 알고 있었다(고전 4:1-5, 14:23-25, 롬 2:15-16). 이 동기에 대한 논리적 근거는 세 가지 사실들에서 분명해진다: 내적인 동기까지 살피시는 전지전능한 하나님, 인간의 자기 인지의 유한성, 동기나 충동이 독자적으로 발생하는 내면 세계.[39]

사실, 바울은 인간이 자기를 안다는 것이 유한하다는 것을 분명히 인식하고 있었다: "이제는 내가 부분적으로 아나 그때에는 주께서 나를 아신 것처럼 내가 온전히 알리라"(고전 13:12). 그리고 로마서 7:14-25의 갈등 상황은 바울 자신도 통제할 수 없는 내면의 충동이 존재한다는 것을 증거하고 있다: "나의 행하는 것을 내가 알지 못하노니"(7:15).

외부적 상황으로 인하여 율법 준수가 어떤 목적을 위해 강요될 때 그 율법 준수는 이미 그 본질에서부터 이탈한 것이 된다. 율법의 행위에 순종과 반역의 이중적 동기가 숨어 있게 되고, 율법 준수의 기쁨은 사라진다. 율법은 감당할 수 없는 거대한 짐으로 의식되기 시작하고,

---

38 Theissen, 위의 책, 143.

39 Theissen, 위의 책, 57.

내면은 황폐해지면서 궁극적으로 죽음에 이르게 된다. 생명으로부터의 소외는 기쁨과 사랑을 잃게 되고, 그 결과, 적대감과 공격성이 내면적으로 자리 잡게 된다. 이런 상황에서는 하나님을 위한다고 하는 열심이 오히려 하나님을 대적하는 결과를 가져온다. 이런 문제는 분명 계명과 깊은 관련이 있다. 바울은 이것을 7:10에서 잘 표현하고 있다: "생명에 이르게 할 그 계명이, 내게 대하여 도리어 사망에 이르게 하는 것이 되었도다."

바울은 하나님으로부터 일방적으로 주어지는 '하라', '하지마라'라는 계명과 율법으로부터 자유로워지고 싶었다. 이것은 단지 율법으로부터 자유로울 뿐 아니라 그 율법을 주신 하나님으로부터 자유로워지고 싶은 욕구를 불러 일으켰다. 그런 그에게 아브라함의 창세기 15장 사건은 획기적인 의식의 변화를 가져왔다.

> 그를 이끌고 밖으로 나가 이르시되 하늘을 우러러 뭇 별을 셀 수 있나 보라 또 그에게 이르시되 네 자손이 이와 같으니라
> 아브람이 여호와를 믿으니 이를 그의 의로 여기시고 (창 15:5-6)

아브라함은 율법, 계명, 성전, 절기 없이 오직 하나님을 믿게 됨으로 구원을 받았고 믿음의 조상이 되었다. 바울은 진정으로 아브라함의 믿음을 소망했다. 그는 아브라함과 같이 율법 없이 자유로운 가운데 하나님을 믿고 사랑하게 되는 삶을 갈망했다. 중요한 것은 하나님과의 직접적인 교제요 하나님으로부터 오는 의였다. 이것을 가능하게 해 준 것이 예수 그리스도의 속죄 죽음이요, 약속하신 성령의 임재이다. 그는 그리스도의 계시와 성령의 임재를 통해서 자신과 많은 유대인들의 문

제를 깨닫게 되고, 그 속박과 갈등으로부터 자유와 구원의 확신을 갖게 되었다.

회심한 후 바울은 비로소 율법의 짐으로부터 해방감을 맛보았다. 그리고 그는 선언했다: 그리스도는 율법의 마침이다(롬 10:4). R. L. 무어(Moore)에 의하면, 바울의 천재성은 유대교에서 억압된 것을 그리스도를 통하여 회복할 수 있는 수단을 발견한 데 있다. 그는 이 과정을 통해서 기독교 사상과 예전 즉 성만찬, 몸의 비유, 성전의 새 개념 등 상징과 논리를 놀랍도록 구사할 수 있는 계기를 얻게 되었다.[40] 무어는 바울의 이 체험이 인간의식의 해방을 가져오는 데 기여했다고 평하면서, 바울의 종교 개혁은 인류로 하여금 심층 심리의 성숙한 이해를 가능케 했다고 격찬했다.[41]

율법에 대한 순종의 행위 안에는 반항심과 복종이 미묘하게 결합되어 있다. 반항심을 유도하는 것이 율법을 순종하는 마음에 숨어 있다. 그러나 바울은 다메섹 회심을 통하여 그의 갈등이 해결되는 놀라운 경험을 하게 되었다. 루벤슈타인이 볼 때 바울이 회심을 통하여 경험한 억압으로부터의 해방감은 일체감(identification)의 역동성에서 기인한다. 바울은 그리스도인이 된후 자신의 에고(ego)가 그리스도로 대체됨을 경험한다. 바울은 십자가에 달리시고 부활하신 그리스도와의 하나됨을 그의 영으로 체험한다.

---

40 R. L. Moore "Pauline Theology and the Return of the Repressed: Depth Psychology and Early Christian Thought" *Zygon* 13 no. 2(1978), 159 f.

41 위의 책, 163.

내가 그리스도와 함께 십자가에 못 박혔나니 그런즉 이제는 내가 사는 것이 아니요 오직 내 안에 그리스도께서 사시는 것이라 이제 내가 육체 가운데 사는 것은 나를 사랑하사 나를 위하여 자기 자신을 버리신 하나님의 아들을 믿는 믿음 안에서 사는 것이라 (갈 2:20)

유대교는 그 본질이 은혜의 종교라고 하나 율법의 형식적 준수를 추구하면 더 이상 은혜의 종교가 될 수 없다. 그것을 잘 설명하는 것이 로마서 7장에 묘사되고 있는 율법과 죄의 관계에 대한 바울의 진술이다. 율법을 행하고 언약 안에 있다고 하지만 고통스러운 현실이 지속될 때, 회의와 반역의 심리가 깊어지면서 공격적인 성격이 되거나 자기 학대적인 성격으로 나가게 된다. 유대교는 집단적 공격성에 사로잡혀 결국 전쟁의 참화를 겪게 되었다. 기독교는 성령 안에서 초월적 세계에 대한 소망을 가짐으로써 이 전쟁을 피할 수 있게 된 것이다. 초대 예루살렘 교회의 지도부는 제1차 유대-로마 전쟁에 가담치 않고 요르단 강 건너 펠라(Pella)로 옮겼다. 여기서 우리는 케제만의 예리한 관찰을 신중하게 음미해 보아야 한다: 기독교는 예수를 메시야로 믿는 유대교의 종파가 아니다; 그것은 성령의 주권으로 특징짓는 하나님의 새로운 시대의 도래를 믿는 새로운 종교이다.[42]

우리의 삶에서 고통스러운 현실이 지속되고 소망이 없어질 때, 성경 말씀을 문자적으로 완전히 지키고자 하는 강박관념을 가진다. 이것이

---

42 E. Kaesemann, *Commentary on Romans*(Grand Rapids: Eerdmans, 1986), 191.

축자영감설의 근저에 깔려있다. 바울은 율법에 대한 열심을 가지고 있었음에도 불구하고 왜 내면적으로 하나님을 대적하고 고통을 느꼈는지에 대한 이유를 분명히 알게 되었다. 바울은 예수를 만나지 못했다면 교회를 핍박하는 사람으로 남은 인생을 살았을 것이다. 그러나 그는 다행히도 그리스도를 만나 눈이 뜨여짐으로 비로소 그리스도를 박해한 이유를 알게 되고, 자기 자신을 끝없이 고통스럽게 한 율법과 죄의 문제를 알게 되었다.

바울처럼, 우리의 궁극적 문제는 그리스도를 만나지 못하면 깨달을 수도, 답을 얻을 수도 없다. 그리스도를 만나기 전의 바울이라면 이런 질문은 감히 상상하기도 힘든 질문이었을 것이다: '율법이 죄인가?' 그는 심지어 율법속에서도 여전히 역사하는 죄의 정체를 간파한 것이다. 그는 하나님을 위한 것이라 하면서, 내면적으로는 자신의 욕심을 만족시키려는 죄의 소욕을 그리스도 안에서 분명히 깨달을 수 있었다.

2) 십자가와 부활의 예수 그리스도

바울이 받은 계시의 핵심은 그의 예수 그리스도 이해, 곧 기독론이다. 원시 기독 공동체가 체험한 예수의 죽음과 부활 사건은 바울이 예수를 이해하는 대 전제이다. 바울에게는 역사적 예수와 부활의 주님과의 동일성은 의심할 여지가 없는 것이었다. 따라서 바울의 복음은 역사적 예수의 행적과 교훈에 근거하고 있다는 결론은 타당한 것이다.

바울의 서신에 예수가 행한 사역에 대한 구체적이며 상세한 기록이 결여되어 있고, 예수의 메시지 일부는 진지하게 고려되지 않은 것이 사실이다. 그러나 바울의 주요 관심은 예수에 대한 객관적 사실을 전달하기 보다는 전승과 계시를 근거로 한 예수 그리스도 안에서의 구원을 선포하는 것이었다. 바울이 선포한 예수 그리스도는 그리스도의 찬미가에서 잘 요약되어 있다.

> 그는 보이지 아니하는 하나님의 형상이시오 모든 피조물보다 먼저 나신 이시니 만물이 그에게서 창조되되 하늘과 땅에서 보이는 것들과 보이지 않는 것들과 혹은 왕권들이나 주권들이나 통치자들이나 권세들이나 만물이 다 그로 말미암고 그를 위하여 창조되었고 또한 그가 만물보다 먼저 계시고 만물이 그 안에 함께 섰느니라 그는 몸인 교회의 머리시라 그가 근본이시오 죽은 자들 가운데서 먼저 나신 이시니 이는 친히 만물의 으뜸이 되려 하심이요 아버지께서는 모든 충만으로 예수 안에 거하게 하시고 그의 십자가의 피로 화평을 이루사 만물 곧 땅에 있는 것들이나 하늘에 있는 것들이 그로 말미암아 자기와 화목하게 되기를 기뻐하심이라 (골 1:15-20)

"예수는 주님이시다"라는 바울의 신앙 고백은 근본적으로 모든 신자들의 신앙 고백이 되었다. 이 신앙 고백은 예수를 하나님께서 죽은 자 가운데서 살리셨다는 부활의 주에 대한 고백이다. 바울은 또한 그를 능력을 가진 하나님의 아들(롬 1:4)로 고백했다. 예수의 사역은 이 지상에서의 많은 기적들과 신적 계시 그리고 죽음과 부활 이후에 하나님

우편에 승귀하여 우리를 위하여 간구하는 것까지 포함한다(롬 8:34). 그는 또한 영광 중에 오실 심판의 주로서 모든 권세와 정사와 능력을 멸하고 하나님의 궁극적인 뜻을 이 땅에서 완성시킬 것이다(고전 15:24 ff.). 그는 육체를 입고 온 역사적 인물이면서 동시에 만물이 그로 말미암아 생성되는 만물 이전의 존재이다. 바울의 예수 이해를 다루는 핵심적인 단락은 로마서 3:21-31, 빌립보서 2:5-11, 골로새서 1:15-20 등이다. 여기서는 이 주제를 로마서 본문을 중심으로 다루어 본다.

로마서 3:21-31은 로마서의 논리적 흐름에서 볼 때 획기적인 전환점을 이루는 단락이다. 이 단락 이전에서 바울은 구세대(old aeon)를 다루었다. 그러나 이 단락부터 전혀 새로운 세대(new aeon)가 열리게 된다. 고린도후서 5:17의 "이전 것은 지나갔으니 보라 새것이 되었도다"라는 선언이 가장 적절한 표현이다. 이 부분은 신학적으로 볼 때 가히 바울 신학의 핵심이 되는 진리를 다루는 부분이라 해도 과언이 아니다. 루터의 말대로, 로마서가 가장 순수한 복음이라고 한다면, 이 단락은 가장 순수한 로마서이다. 로마서에 대한 최근의 수사학적 연구에 의하면, 3:21-31는 로마서의 핵심 명제에 해당한다. 특히 로마서 3:23-26은 바울의 기독론을 가장 명료하게 나타내는 부분이다. 바울이 이해한 예수 사건은 구원사의 새 전망하에서 온 인류에게 새로운 가능성을 제시한 사건이다. 바울은 앞부분에서 이방인과 유대인의 문제를 차례로 열거한 후, 이 단락에서 예수 그리스도의 사건이 범 우주적인 차원에서 구원의 요건이 됨을 주장한다. 로마서는 여러 방식으로 구분할 수 있지만, 여기서는 최근 관심을 끌고 있는 수사학의 관점에 따라 구분해 본다.

A. 로마서의 흐름과 수사학적 구조

로마서의 전체적 흐름은 대략 다음과 같이 정리해 볼 수 있다. 바울은 서문(1:1-7)에서 편지를 쓰게 된 동기와 목적을 밝힌다. 그 후 그는 중심 부분(1:8-15:33)에서 자신의 논리를 전개시킨다. 모든 인간은, 이방인이든 유대인이든, 다 죄 아래 있다. 이방인은 양심과 이성으로, 유대인은 율법의 행위로도 죄에서 벗어날 수 없다. 그래서 모든 인간은 하나님의 심판으로 죽음에 이를 수밖에 없다. 이 인간에게 하나님께서 먼저 구원의 길을 예수 그리스도를 통하여 열어 주셨다. 즉, 오직 예수 그리스도를 믿는 믿음만으로 구원에 이를 수 있다는 것이다. 그래서 구원은 전적인 하나님의 은혜이다. 이 믿음은 이미 아브라함을 통해서 우리에게 밝히 보여 주셨다. 구원받은 자는 율법, 죄와 사망으로부터 자유로워진다. 그리고 성령께서 그에게 임하셔서 하나님의 자녀임을 증거한다. 그리스도 안에서는 유대인과 이방인의 차별이 없으나, 구원은 유대인으로부터 시작하였기 때문에 유대인들은 궁극적으로 구원에 이른다. 그리스도의 대속의 은혜와 성령의 능력을 받은 자는 새로운 공동체의 윤리에 따라 삶을 살아야 한다. 그 후, 그는 추신(16:1-21)에서 인사와 송영으로 편지를 마무리한다.

이상욱은, P. 스툴마허의 견해에 따라서, 로마서를 변증적 서신으로 보면서 이 서신을 수사학적 논리에 따라 다음과 같이 구분한다: 1:1-7 서문, 1:8-15:33 중심 본문, 16:1-21 추신. 이 중심 본문은 시작 부분(1:8-17), 중간 부분(1:18-15:13), 결어(15:14-33)로 나뉘어진다. 다소 복잡하지만, 이 중간 부분(1:18-15:13)은 서술(1:18-3:20), 명제(3:21-

31), 증명(4:1-11:36). 그리고 권면(12:1-15:13)으로 나눌 수 있다.[43] 수사학적 구분에 의하면, 로마서의 핵심적인 주제는 명제 부분(3:21-31)에 나타난다. 이제 로마서의 핵심 명제인 3:21-31을 읽어보자.

> 이제는 율법 외에 하나님의 한 의가 나타났으니 율법과 선지자들에게 증거를 받은 것이라. 곧 예수 그리스도를 믿음으로 말미암아 모든 믿는 자에게 미치는 하나님의 의니 차별이 없느니라. 모든 사람이 죄를 범하였으매 하나님의 영광에 이르지 못하더니 그리스도 예수 안에 있는 속량으로 말미암아 하나님의 은혜로 값없이 의롭다 하심을 얻은 자 되었느니라.
>
> 이 예수를 하나님이 그의 피로써 믿음으로 말미암는 화목제물로 세우셨으니 이는 하나님께서 길이 참으시는 중에 전에 지은 죄를 간과하심으로 자기의 의로우심을 나타내려 하심이니 곧 이때에 자기의 의로우심을 나타내사 자기도 의로우시며 또한 예수 믿는 자를 의롭다 하려 하심이라.
>
> 그런즉 자랑할 데가 어디냐 있을 수가 없느니라 무슨 법으로냐 행위로냐 아니라 오직 믿음의 법으로니라. 그러므로 사람이 의롭다 하심을 얻는 것은 율법의 행위에 있지 않고 믿음으로 되는 줄 우리가 인정하노라.
>
> 하나님은 다만 유대인의 하나님이시냐 또한 이방인의 하나님은 아니시냐 진실로 이방인의 하나님도 되시느니라. 할례자도 믿음

---

43 이 상욱, 『수사학으로 로마서 읽기』(한들출판사, 2008), 31-32, 101-147.

으로 말미암아 또한 무할례자도 믿음으로 말미암아 의롭다 하실 하나님은 한 분이시니라.

그런즉 우리가 믿음으로 말미암아 율법을 파기하느냐 그럴 수 없느니라 도리어 율법을 굳게 세우느니라. (롬 3:21-31).

로마서의 전체적 흐름을 보면, 3:21-31의 단락에 이르러서 바울의 토론 방향은 새로운 전환을 맞는다: "이제는". 이 전환은 이전까지의 서술을 근거로 해서 획기적인 새 국면을 전개시킨다. 이 전환은 시간적인 것일 뿐 아니라 논리적인 의의를 가진다. 이전에는 하나님이 그의 진노를 나타내었으나 이제는 그리스도 안에서 그의 의를 나타내셨다. 구세대의 진노가 새 세대의 의로 바꾸어진 것이다. 3:21은 하나님의 의에 관해서 두 가지를 말한다. 그것은 그리스도를 통하여 계시되었다는 것과 율법과 선지자들이 증거한다는 것이다. 전자는 3:21 이후에 다루어져 있고 후자는 4장에서 나타난다. 바울은 모세오경 중에서 창세기에 나타나는 아브라함의 사건을 전형적인 것으로 간주하고 있다. 그는 오직 믿음으로 의롭게 되었다. 믿음으로 살리라는 하박국 선지자의 글을 인용한 것도 구약의 증거를 염두에 둔 것이다.

21절-31절의 단락은 세 개의 소단락으로 나뉘어진다: 21-23, 24-26, 그리고 27-31. 먼저 첫 번째 단락을 보면, 율법 외의 하나님의 의라는 주제가 구원사적 관점에서 제시된다. 바울은 그의 서신들에서 율법(nomos)이라는 용어를 정관사가 있거나 없는 형태로 사용하면서 다양한 의미들을 나타내었다. 때로는 그것이 유대인들이 살고 있는 역사적이며 사회적인 현실을 의미한다. 또는 그것이 단순히 본문 21절에서와 같이 구약의 한 부분을 나타내기도 한다. 이 주제는 이 소단락

뿐 아니라 전체 단락의 기초가 된다. 바울의 이 사상은 유대교의 맥락에서 볼 때 진정 혁신적인 선언이다. 22절a에서 바울은 이 주제를 예수 그리스도에 대한 믿음이라는 사상으로 자세하게 설명하고 있다. 여기에서 믿음과 율법 사이의 대조가 두드러지게 나타난다. 22-23에 나타나는 보편적인 차원은 1:18-20에 있는 바울의 사상을 되풀이하고 있다. 즉, 모든 사람이 죄를 범하였으나 예수 그리스도를 믿는 모든 사람에게 죄사함의 길이 열렸다는 것이다.

두 번째 단락인 24-26에는 하나님의 의가 예수 그리스도의 죽음으로 이루어졌음을 밝힌다. 하나님의 의는 예수가 죽기까지 순종함으로써 실현되었다. 24절의 '의롭다 하심을 얻다'(dikaioun)는 용어만큼 바울적인 언어도 드물다. 바울의 이 용어는 하나님의 의는 종말론적인 지평선을 가지고 있다는 측면과 연결되어 있다. 즉 의롭다는 하나님의 선언은 마지막 심판을 암시하고 있다. 바울에게 있어서 의롭다는 개념은 윤리적인 의미로 이해되어서는 안 된다. 의롭다는 개념은 도덕적인 의미가 아니라 하나님의 법정에서 사면 받는다거나 하나님과의 관계를 바르게 가진다는 뜻으로 해석되어져야 한다. 이렇게 될 때 비로소 의롭게 한다는 의미는 하나님 편에서의 용서요, 하나님의 창조적인 행위가 되는 것이다. 구원의 주체는 하나님이고 인간의 의지와 행위로서는 의롭게 될 수 없다. 우리는 이 측면을 늘 염두에 두어야 한다. 왜냐하면 우리는 의롭다는 것을 쉽게 윤리적인 것으로 해석하고, 우리의 노력으로 가능한 것으로 생각하기 때문이다.

예수의 십자가상의 죽음은 대속물로서 두 가지 의미를 함유하고 있다. 첫째는 과거에 이방인들이 지은 죄들을 간과하심으로 나타내시는 하나님의 의의 징표요, 두 번째는 지금 예수를 믿는 사람들을 의롭다

하시기 위한 의의 징표이다. 이 절에 나타나는 '화목제물'은 화해와 속죄의 의미가 포함되어 있다. 이 용어는 신약에서 이 구절 외에 꼭 한 번, 히브리서 9:5에 나타난다. 많은 학자들은 바울이 이 용어를 일반적인 의미로 사용했다고 보고, 하나님이 그리스도를 속죄의 수단으로 우리에게 주셨다고 해석한다.

다른 해석은, 오리겐과 같은 초대교부들의 견해로서(루터도 이에 동조하는 것으로), 바울이 이 용어를 특별한 의미인 하나님의 보좌(mercy seat)로 사용했다는 것이다. 칠십인역에서는 이 용어를 지성소에 있는 법궤의 뚜껑으로 사용했다. 출애굽기 25:22에는 이곳에서 하나님이 스스로를 나타내신다고 기록되어 있다. 대속죄일에 대제사장이 지성소에 들어갈 때는 향을 피워야 하는데, 이것은 하나님과 대면함으로써 오는 재난을 면키 위한 것이다(레 16:13). 히브리서 9:5에서도 같은 뜻으로 쓰였다. 과거에는 지성소 향의 연기 속에 감추어져 있던 하나님이 이제는 그리스도를 하나님의 임재처소로 삼으셨다. 따라서 그리스도를 믿는 자는 더 이상 하나님의 진노 아래 있지 않다.[44]

바울에게는 인간과 새로운 관계를 형성하기 위해서 기선을 잡으시는 분은 늘 하나님이시다. 이 의미를 분명히 나타내는 용어가 속죄이다. 속죄의 원의미는 씻어 내거나, 덮고 감춘다는 뜻으로, 온전히 하나님의 주권적 영역에 속한다. 3:25의 '간과하심'은 '묵과하다'는 뜻이 더 적합하다. 이 개념은 '옆으로 밀쳐두다'는 의미인데, 이것은 처벌의 일시적인 정지로써, 후에 그 처벌을 가할 수 있다는 것을 말한다. 이 뜻으로 해

44 A. Nygren, *Commentary on Romans*(Philadelphia : Fortress Press, 1984). 158.

석할 경우, 문맥의 전후 관계가 보다 분명하다. 하나님께서 예수를 속제물로 삼으신 것은 묵과한 죄를 용서하기 위한 것이다. 26절에서 바울은 예수께서는 하나님의 신실하심을 나타내 보이는 증거라고 말한다. 그리고 하나님께서는 예수 그리스도를 통해서 인간이 오직 믿음으로만 자신에게 나아올 수 있게 하는 길을 열어주셨다.

마지막 단락인 27-31은 예수 죽음의 우주적인 효과를 다룬다. 이 주제는 대화의 형식으로 서술되어 있다. 이 단락에서 바울은 질문과 대답의 형식으로 대화를 이끌어 나간다. 이 형식은 2장, 3:1-8, 4장의 초두, 6-7장, 8장의 종결부, 그리고 9-11장의 토론의 장에서 발견된다. 이 수사학적인 방식은 플라톤의 대화를 위시하여 고대 지중해 연안의 문헌들에서 찾아볼 수 있다. 이 방식은 철학적이며 종교적인 토론을 이끄는데 자주 사용되었으며 보통 "논증"(diatribe)이라는 명칭으로 불리워진다. 바울이 이 형식을 사용한 것은 그가 이끌어가는 논증에 대한 반대를 의식하고 있었기 때문이다. 반대 질문이나 논증은 적의를 가진 사람들의 고의나 단순한 무지에서 연유하기도 했다. 로마서에의 논쟁은 바울의 복음에 대한 반대 입장을 견지하는 유대인들을 염두에 둔 것이다.[45] 예수 그리스도 안에서 하나님의 행위의 결과로 유대인들은 자랑할 근거가 없다. 28절은 바울의 교리적인 진술로서 구원 역사에서 낡은 원리를 대신하는 새로운 원리를 결론적으로 다시 상기시킨다: "그러므로 사람이 의롭다 하심을 얻는 것은 율법의 행위에 있지 않고 믿음으로 되는 줄 우리가 인정하노라". 31절에서 바울은 이 새 원리에 대

45 더 상세한 내용은 P. J. Achtemeier, *Romans*(Louisville: Westminster John Knox, 1985), 73–76 참조.

한 마지막 반대의 문제를 다룬다: "우리가 믿음으로 말미암아 율법을 파기하느냐 그럴 수 없느니라 도리어 율법을 굳게 세우느니라". 이 절은 소단락의 결론일 뿐 아니라 4장과의 연결고리이다.

B. 기독론적 해석과 부활 논증

이 본문에서 바울이 제기하는 명제는 그의 서신 뒷부분에서 계속하여 증명되어진다. 예수의 죽음은 사람을 과거 죄에서부터 해방시키심으로써 하나님의 의를 나타내기 위한 수단으로 선포되어졌다. 십자가상의 예수는 하나님이 죄를 다루는 속죄의 새로운 수단이다. 희생과 속죄의 개념은 히브리인들과 헬라인들에게는 이미 익숙해져 있는 개념이다. 의로운 자의 고통은 속죄의 효력을 가진다. 바울의 진술에서 독특한 부분은 속죄의 보편성이다. 즉 예수의 죽음이 온 인류를 위한 대속이라는 사상이다. 이 전망에서 볼 때 바울에게는 성전이나 속죄를 위한 의식이 더 이상 필요치 않게 된다. 예수를 통한 속죄는 단 한번만으로(hapax 혹은 ephapax) 그 효력이 모두에게 미친다(롬 6:10, 벧전 3:18, 히 7:27, 9:12).

속죄의 죽음에 관한 예수의 말씀은 마가복음 10:45와 14:24에서 발견된다. 대속의 죽음은 두 가지 형식으로 나타난다. 첫째는, 로마서 4:25과 8:32 등에서 보는 바와 같이, 수동태를 사용해서 '내어줌', '넘겨줌'의 형식을 취한다. 이것은 이사야 53장의 고난의 종에서 드러나는 사상과 연결된다. 다른 형태로는, 바울서신에서 독특하게 나타나는 것으로, 능동형으로 '죽는다'는 표현이다. 고린도전서 15:3이 이에 해당한다. 이 절에서 그리스도의 죽음은 '우리를 위한' 것이다. 예수의 죽음이 연상시키는 것은 지성소에 있는 계약의 법궤 뚜껑이다(히브리어 Kapporeth, LXX ; Hilasterion). 이것은 체루빔의 날개들에 의하여 덮여있다. 속죄일에 대제사장은 법궤의 뚜껑에 피를 뿌리는데, 이 제사를 통하여 이스라엘은 하나님과 화해하게 되는 것이다(레 16:14, 15).

바울은 그 누구보다도 구원의 보편성을 강조했다. 하나님의 구원사건에는 그 어떤 민족적인 구분이 있을 수 없다. 이것은 바울이 이해한 복음의 핵심이다. 모든 사람이 죄 아래 있기 때문에 하나님과의 관계성 정립은 모든 사람의 과제다. 유대인들의 율법에 근거한 자부심이나 헬라인들의 윤리적 성취도 그들로 하여금 죄의 굴레에서 벗어나게 할 수 없다. 그 어떤 방법으로도 할 수 없는 것을 바울이 오직 믿음만으로 할 수 있다고 선언한 것도 복음의 우주적인 전망을 대변해주고 있다. 구원에서 그 어떤 구분도 할 수 없는 것은, 민족이나 그 어떤 소유나 지위 등 세상적인 기준이 구원에 관한 한 의미가 없기 때문이다. 할례자나 무할례자나 다 같이 오직 믿음의 방식 외에 다른 길이 없다는 것이 바울의 지론이다. 믿음으로 하나님의 의는 우리의 의가 되는 것이다(고후 5:21). 바울에게 있어서 그리스도는 세상을 능력으로 주관하시는 천상의 주님이시다(빌 2:19). 그리스도의 주권은 부활하신 예수를 믿는 자들 가운데서 현실화된다(롬 10:9). 그래서 믿음이란 율법적이거나, 도덕적이거나, 아니면 어떤 다른 확신적 혹은 절망적 노력의 반대에 해당한다. 이것은 자신에게 희망을 거는 대신에 하나님께 거는 것이다.

구약 제사법에 의하면, 의롭게 되기 위해서는 속죄가 필요하다. 그러나 바울은 누구든지 예수를 믿는 자를 하나님이 의롭다고 하신다고 보았다(26절c). 율법 아래에서의 요구가 예수의 죽음에 의해서 충족되었기에 하나님의 의는 율법과 무관하게 순전한 은혜로 주어졌다. 그리스도는 "율법의 마침"이기 때문에 그 어떤 율법적 요구도 있을 수 없다. 하나님의 의가 율법을 통해서 나타날 수 없는 것이 아니다. 율법을 통해서 나타난 하나님의 의는 오직 진노에 이를 따름이다(참조 4:15). 그런 이유로 해서 하나님의 의는 다른 방법으로 나타나게 된 것이다.

구약의 계약 개념에 따라서 이스라엘이 하나님을 그들의 주로 모시기로 약정하였으나 그들은 우상들을 섬김으로써 그 계약을 파기하였다. 따라서 이 계약의 효력이 지속되느냐 아니면 끝나느냐 하는 것은 하나님께 달려있었다. 바울의 사고 어디에도 하나님께서 그리스도를 희생하지 않으면 안 되었다는 사상은 없다. 하나님이 그 어떤 필요성에 매여 있을 수 없기 때문이다. 바울은 그리스도의 희생이 오직 하나님의 사랑임을 강조한다. 그리스도가 오심으로 이 계약관계가 유효하게 되고, 새로운 계약관계에 들어갈 수 있는 기회가 주어졌다는 것이 복음의 진수이다. 우리의 구원은 우리가 자격이 있어서가 아니라 오직 하나님 편에서의 값없는 초대에 근거한다. 그래서 율법의 행위로 그 관계에 이르고자 하는 노력은 의미 없는 것이다.[46] 율법을 근거로 한 그 어떤 자랑도 배제되는 것이다.

속죄 제사는 죄의 근원에 대해서 아무것도 할 수 없다. 그러나 바울에게 있어서 그리스도의 죽음과 부활은 죄의 근원 그 자체를 제거한다. 그래서 바울에 의하면 의 곧 구원이란 그리스도로 인해서 하나님께서 인간의 죄를 인간에게 돌리지 아니하는 것이다(고후 5:19). 이런 맥

---

46 자세한 내용은 P. J. Achtemeier, 앞의 책, 61-66.

락에서 의란 하나님과 바른 관계를 가지는 것을 말하는데, 이것은 마치 하나님께서 우리를 그의 자녀로 입양하는 것과 같다. 그러나 인간의 이 신분은 그의 행위 때문이 아니라 순전히 하나님의 은총에 근거한다. 그것은 하나님이 주신 것이며 하나님이 판단하신 의이다(롬1:17. 3:2 f., 26bc, 10:3 등). 그래서 이 의는 전가된(imputed) 의이다. 그리스도 안에 있는 의가 본질적으로 죄인에게 돌려진 것이다. 예수의 죽음이 과거에 속한 하나의 역사적 사실이지만, 바울은 그것을 부활과 연합하여 현재적인 믿음으로 받아들였다.

결국 바울에게 중요한 것은 그리스도 안에 있음으로 해서 열려지는 우주적 차원의 하나님 역사이다. 하나님의 의가 그리스도 안에서 세상에 드러난 것이다. 바울이 애용하는 "그리스도 안에서(en Christo)"라는 개념은 세상에서의 모든 범주를 초월하는 새로운 세계에 대한 환상이다. 이 개념에는 물론 신비적 요소도 내포되어 있지만 이것은 단지 비전으로서의 추상적인 개념이 아니다. 그리스도 안에 있으면 누구든지 새로운 피조물로서, 현실로 침입해 들어오는 새 세계에 참여케 되는 것이다(고후 5:17). 이것은 먼 미래에 실현되는 그 무엇이 아니다. 그렇다면 그리스도의 죽음은 의미가 없는 것이다. 이 역사는 기존의 세계 —그것이 율법에 의하여 형성된 것이든, 우상들에 의하여 좌우된 것이든— 와 충돌하여 새로운 세계를 모색하는 것이다.

바울에 의하면, 그리스도의 부활 권세는 현재 그를 믿는 자들에게 임재하는 것이다: "보라 지금은 은혜받을 만한 때요 보라 지금은 구원의 날이로다"(고후 6:2). 물론 유대인들도 하나님의 의를 율법의 행위와 연관하여 미래적인 소망으로 믿고 있었다. 그러나 바울이 강조한 것은 예수 그리스도 안에 있는 현재적인 실재다. 부활하신 그리스도의 영은 현실세계에 침입하여 끊임없이 뿌리를 내리고자 하며, 먼 미래적 염원을 지금 이 시점에서 실현시키고자 하는 역동적인 힘으로 작용한다. 이 역동적인 힘은 파괴적인 측면과 창조적인 측면을 동시에 가지게 된다. 바울의 그 숱한 고난과 핍박(고후 11장)은 현실세계에 침입하고자 하는 그리스도의 영 곧 성령이 초래한 것이다. 바울의 신학적 진술과 논리는 이 역동적인 성령의 능력에서 나온 것이다.

그런 의미에서 바울신학은 기독론을 성령론에 관련시키지 않고서는 바로 이해될 수 없다. 이 진리는 우리 교회에서 끊임없이 강조되어야 한다. 율법이 지배하던 구시대에서는 인간이 항시 무엇을 하도록, 또는 하지 말도록 요구되었다. 인간의 행위는 하나님의 정의에 미치지 못함으로 심판에 이를 수밖에 없었다. 그러나 이제 새 시대가 열렸다. 이제는 인간에게 무엇을 요구하기 이전에 하나님께서 그리스도를 통하여 구원사역을 주권적으로 이루셨다. 오직 예수 그리스도를 믿는 것만으로 충분하다.

바울 이전의 전승은 속죄를 위한 예수의 죽음에 초점을 맞추고 있으나, 바울은 예수를 통한 보편적인 의의 구현에 강조를 두고 있다. 결국 바울이 전승을 해석하고 추가한 것은 예수에 대한 믿음이 구원의 새로운 방법임을 선포하고, 그를 통한 구원은 세계적이라는 사실을 알리기 위해서이다. 그는 복음의 보편성을 확립하기 위해서 율법을 상대화시키거나 잠정적인 것으로 만들었다. 그가 이방인들도 양심이나 자연을 통하여 하나님을 알 수 있다고 본 것은 바로 이러한 맥락에서 이해되어져야 한다. 그가 볼 때 모든 사람들은 죄 아래 있다. 그는 율법의 기준 아래에서나 양심이나 자연의 법 아래에서나 동일한 결론을 이끌어낸다. 따라서 그는 예수를 통하여 계시된 구원은 모든 사람에게 적용된다고 보았다. 바울은 인류를 향한 하나님의 뜻이 복음 속에 나타났다는 것을 분명히 깨달았다: "내가 복음을 부끄러워하지 아니하노니 이 복음은 모든 믿는 자에게 구원을 주시는 하나님의 능력이 됨이라"(롬 1:16).

바울은 예수 안에서 새로운 계시를 받았다. 예수의 십자가 안에서 그는 모든 인류를 향하는 하나님의 놀라운 구원 계획을 보게 되었다. 바울이 계시로 받은 복음이 바로 이것이다. 유대인이든 이방인이든 모든 자들에게 구원을 주시는 것이 하나님의 뜻이다. 율법의 행함이 아니라 그리스도를 믿는 믿음 안에서 구원은 이루어진다. 율법을 지킴에도 불구하고 우리의 죄성으로 인해서 죄악이 우리 속에 자리잡고 있다. 바울은 인류의 궁극적인 문제가 죄라는 사실을 발견하게 되었고, 그것을 해결하는 길은 오직 십자가에서 우리 죄를 대속하신 예수를 믿음으로 가능하다는 것을 확신했다. 그는 이 복음이 유대인을 새롭게 할 뿐 아니라 모든 믿는 사람들을 구원한다는 것을 깨달았다. 구원의 대열에서 차별은 없지만 장자격인 선두자는 유대인이다. 그래서 구원 받는 것이나, 선을 행하여 축복을 받는 것이나, 악을 행해 고난을 받는 것도 먼저는 유대인이고 그 다음이 헬라인 순서이다(롬 1:16; 2:9, 10).

하나님께서 유대인들을 먼저 택해서 구원의 역사를 시작했고, 유대인이 구원의 대열에 궁극적으로 들어오게 될 것이다. 유대인들의 회심이 하나님의 궁극적인 구원 계획안에 있다. 율법은 한계가 있지만 이 율법의 한계성은 예수의 십자가에서 극복될 수 있다. 예수께서도 말씀하셨다: "내가 율법이나 선지자를 폐하러 온 줄로 생각하지 말라 폐하러 온 것이 아니요 완전하게 하려 함이로다"(마 5:17). 죄성을 온전히 없앨 수 없다는 것이 율법의 한계이다. 바울은 그리스도의 십자가를 통해 죄성으로 인한 율법의 연약함을 극복했다. 이 죄성의 문제를 예수 그리스도 안에서 해결할 때 유대인뿐 아니라 모든 믿는 사람들에게 하나님의 구원은 이루어진다. 바울의 선교와 신학은 그리스도의 십자가 속에 인류 구원이 들어있다는 계시를 선포하는 사명의 실천이었다. 하나님의 이 구원 사역을 감동적으로 묘사한 시가 곧 빌립보서 2:6-11의 그리스도 찬미가이다.

> 그는 근본 하나님의 본체시나 하나님과 동등됨을 취할 것으로 여기지 아니하시고 오히려 자기를 비워 종의 형체를 가지사 사람들과 같이 되셨고 사람의 모양으로 나타나사 자기를 낮추시고 죽기까지 복종하셨으니 곧 십자가에 죽으심이라 이러므로 하나님이 그를 지극히 높여 모든 이름 위에 뛰어난 이름을 주사 하늘에 있는 자들과 땅에 있는 자들과 땅 아래 있는 자들로 모든 무릎을 예수의 이름에 꿇게 하시고 모든 입으로 예수 그리스도를 주라 시인하여 하나님 아버지께 영광을 돌리게 하셨느니라

바울의 복음에서 예수의 십자가와 불가분의 관계에 있는 것이 예수의 부활이다. 바울은 자신보다 먼저 부르심을 받은 사도들과 그 공동체로부터 받은 메시지를 근거로 해서 고린도전서 15장에서 예수의 부활을 논증하고 있다. 그의 논증형식은 당시의 헬라 고전 수사학의 논증방식과 유사하다. B. 맥(Mack)에 의하면, 1세기의 고전 수사학의 표준 형식은 아래와 같다.

서언

서술-----------명제

이유(이론적 설명)

지지 논증----- 반대 명제(대조)

유추(비교)

예

인용(권위)

결어[47]

바울은 이 논증 형식에 근거하여 고린도전서 15장에서 부활을 논증한다. 바울은 자신이 전한 복음을 지키고 헛되이 믿지 아니하면 구원을 얻을 것이라고 하면서 논증을 시작한다(15:1-2). 그가 전한 것은 그가 받은 것, 곧 전승임을 밝힌다. 그가 받은 전승은 3-7절에 나타나 있다: "내가 받은 것을 먼저 너희에게 전하였노니 이는 성경대로 그리스도께서 우리 죄를 위하여 죽으시고 장사 지낸 바 되셨다가 성경대로 사흘 만에 다시 살아나사 ...." 유대법에 따르면, 어떤 사실의 확인에는 두세 명의 증인들이 필요하다. 이 전승에는 증인들의 이름이 열거되어 있다: 게바, 열두제자, 오백여 형제들, 야고보. 이 증인 목록에다 바울은 자신을 포함시킨다(5-9). 바울의 부활 선포에 대한 반박은 두 가지 질문 형태로 나타나 있다: 죽은 자 가운데서 부활이 있느냐(12), 죽

47 B. 맥, 유태엽 역, 『수사학과 신약성서』(나단: 1993), 66.

은 자들이 어떻게 다시 살며 어떤 몸으로 오느냐(35). 두 번째 질문은 첫 번째 질문에서 한 걸음 더 나아간 것이다.

첫 번째 질문에 대해 바울이 자신의 논제를 설득력있게 증명하기 위해서 세 번에 걸친 반대 명제와 유추의 형식을 사용한다: "만일 죽은 자의 부활이 없으면 ...."(13-15), "만일 죽은 자가 다시 살아나는 일이 없으면 ...."(16-28), "만일 죽은 자들이 도무지 다시 살아나지 못하면 ....."(29-34). 바울은 두 번째 질문에 답하기 위해서 씨와 형체 혹은 몸의 서로 대조되는 예(antitype)를 들어 설명한다. 여기서 땅에 속한 형체와 하늘에 속한 형체, 그리고 육의 몸과 영의 몸이 대조된다. 이 대조는 더 나아가 아담과 그리스도까지 확대된다. 그는 이 논증을 권위있게 하기 위하여 시편 8:6, 창세기 2:7, 그리고 이사야 25:8을 인용한다. 이 논증 후에 그는 57-58에서 감사와 권면으로 그의 글을 끝 맺는다.

3) 성령

우리 신앙의 궁극적인 목표는 천국이지만, 이 땅에서의 목표는 예수 그리스도의 형상을 닮는 것이다. 이 여정은 길고도 험난하다. 그래서 이 여정을 잘 마치기 위해서는 성령님의 동행과 도우심이 필수적이다. 그런데 우리는 성령님에 대해서 아는 것이 적다.

일반적으로, 많은 교인들은 성령의 임재를 다음과 같이 이해한다. a. 성령은 방언, 신유, 축귀 등과 같은 다양한 은사를 주신다. b. 성령을 받은 사람은 불 체험이나 환상 등의 신비체험을 한다. c. 성령은 기적과 같은 놀랍고 큰 능력을 행하신다. 이런 것들은 성경에서 말하는 성령의 은사요, 성령의 임재에 수반되는 신비 체험이고 또한 성령의 능력이다. 성령께서 우리에게 임재하실 때 분명히 이런 현상들이 나타난다. 그런데, 유의해야 할 것은, 이런 체험들이 강력하고 신비스럽기 때문에 이런 현상들만 추구하거나 이런 현상들에 몰두해서는 안된다는 것이다. 이런 현상들은 다른 종교에서도 자주 일어나는 현상들이다. 그래서 우리는 이것들을 주시는 성령님을 바로 알고 그분을 만나는 것이 중요하다. 여기서 우리는 바울의 가르침에 귀 기울여야 한다.

바울은 성령의 내면적 사역을 많이 체험한 사람으로서 그 사역을 예민하게 관찰하고 글로서 묘사할 수 있는 능력을 지닌 사도였다. 고린도전서 2:10에서는 성령이 우리 내면에 계시면서 우리 내면의 모든 것을 아시는 분으로, 심지어는 하나님의 깊은 것도 아시는 분으로 묘사되어 있다: "오직 하나님이 성령으로 이것을 우리에게 보이셨으니, 성령은 모든 것 곧 하나님의 깊은 것이라도 통달하시느니라"(2:10). 성령은 우리 내면의 문제를 알 뿐만 아니라 우리가 느끼는 것을 그대로 느끼는 분이시다: "이와 같이 성령도 우리 연약함을 도우시나니, 우리가 마땅히 빌 바를 알지 못하나 오직 성령이 말할 수 없는 탄식으로 우리를 위하여 간구하심이니라"(롬 8:26). 성령은 우리가 말로 표현할 수 없는 것까지 우리와 같이 느끼시고, 우리로 하여금 무언의 기도나 방언 형식으로 하나님께 간구하도록 하신다. 결국, 성령은 우리의 문제를 알 뿐만 아니라 우리를 위해서 말할 수 없는 탄식으로 하나님께 간구하시는 분이시다. 우리들이 기도할 수 없는 고통과 마음의 외로움을 성령님이 느끼시고 우리를 대신해서 기도해 주신다.

성령은 사람의 내면세계를 깊이 통찰하기 때문에 그 사람이 느끼지 못하고 있는 것조차도 느낄 수 있다. 우리가 몸담고 있는 이 세상이 타락하고 왜곡되어 그 속에서 우리는 사실 괴로워하고 탄식하지만, 그것을 깊이 느끼지 못한다. 성령의 감동을 입은 바울은 이 내면의 고통을 이렇게 표현한다: "피조물이 다 이제까지 함께 탄식하며 함께 고통을 겪고 있는 것을 우리가 아느니라"(롬 8:22); "오호라 나는 곤고한 사람이로다. 이 사망의 몸에서 누가 나를 건져내랴?"(롬 7:24). 이러한 절망감과 깊은 고뇌는 기독교인이나 비기독교인이나 이 타락한 세상에서 겪는 공통된 경험이다.

바울 서신들에 나타난 성령을 집중적으로 연구한 G. D. 피(Fee)는 바울이 이해한 성령을 그의 책에서 이렇게 요약했다: 종말론적 성취로서의 성령, 하나님의 인격적, 개인적 임재로서의 성령, 구원론적 성령, 하나님의 백성을 형성, 인도하시는 성령.[48] 구원사적으로 볼 때, 예수 부활 후 성령의 임재는 마지막 때의 시작을 의미한다. 이때 성령께서는 예수 그리스도를 믿는 개인에게 인격적으로 임하여 구원을 이루고, 교회 공동체를 형성, 유지, 강화시키신다. 이 성령의 사역은 상호 연결되어 나타난다. 지금 우리는 구원사적으로 마지막 때를 살면서 성령께서 동행하시는 삶을 누리고 있다. 바울은 하나님 스스로가 예수 그리스도 안에서 그의 종말론적 구원을 일으키셨다고 믿었다. 바울에게 있어서 성령의 임재는 구원의 증표이다. 바울은 이것을 하나님의 자녀로 인친다고 했다: "그가 또한 우리에게 인치시고 보증으로 우리 마음에 성

48 G. D. Fee, *God's Empowering Presence*(Peabody: Hendrickson, 1994), 799-895.

령을 주셨느니라"(고후 1:22); "그 안에서 너희도 진리의 말씀 곧 너희의 구원의 복음을 듣고 그 안에서 또한 믿어 약속의 성령으로 인치심을 받았으니"(엡 1:13). 그래서 성령이 함께 하시는 그리스도인은 성령이 거하시는 성전이다(고전 3:16). 그리스도의 영, 곧 성령은 미래의 완성에 대한 보증금(고후 5:5)이기 때문에, 바울이 볼 때 구원의 현재성은 미래성과 불가분의 관계를 이루고 있다.

성령은 그리스도의 부활과 재림 사이에 나타난 하나님의 구체적이며 현실적 임재이다. 바울의 성령 이해는 기본적으로 신비종교의 영역에서가 아니라 종말론적인 영역에서 찾아야 한다. G. D. 피가 이 사실을 잘 지적하고 있다: "성령의 오심으로 입증된 것처럼 실제로 미래가 현재 안으로 침입해 들어왔다. 성령은 하나님의 능력의 임재를 뜻하므로 미래가 이미 상당한 정도로 이 세대 안에 도래한 것이다. 따라서 현재의 고난은 제자도의 표식이며, 그 모델은 십자가에 못 박힌 우리 주님이시다. 그러나 십자가에 못 박힌 그분을 죽은 자들로부터 일으킨 동일한 능력이 또한 이미 우리의 죽을 몸 안에서 활동하고 있다."[49] 그래서 우리는 합하여 그리스도의 몸을 이룰 수 있다. 바울에게는 성령을 통한 공동체의 형성과 그것에 참여하는 것이 곧 예수와의 연합을 의미하며, 이 연합은 또한 그 안에서 시작된 종말론적 구원사에의 참여에 필수적인 조건이다. 구속사적으로 볼 때, 그리스도 안에서 새로운 세대가 열린 이때에 바울 자신은 복음을 전 세계에 선포해야 하는 사역에로 부르심을 입었다고 믿었다. 따라서 그에게 있어서 예수 그리스도는

49 G. D. 피, 길성남 역『바울, 성령, 그리고 하나님의 백성』(좋은씨앗, 2007), 199.

구속사의 주관자이며, 그는 부름을 받은 사자요 종이었기 때문에, 예수 그리스도에게 복종하며 복음을 전해야 할 의무를 지니고 있다고 믿었다(갈 1:1, 고전 1:17, 롬 1:1등).

바울은, 그 무엇보다도, 성령님은 삼위일체의 한 분이신 인격적인 분으로 이해한다(고후 13:13). 성령은 능력과 힘을 주시고 기적적인 현상들을 일으키시나 불이나 바람같은 비인격적 존재나 힘이 아니다. 그분은 다양한 활동과 행위의 주체가 되신다. 바울은 성령님의 다양한 활동을 다음과 같이 상세하게 설명한다: 그분은 우리 마음에 사랑을 부으시고(롬 5:5), 믿는 자들 안에 거하시고(롬 8:11, 고전 3;16), 믿는 자들의 영으로 더불어 그들이 하나님의 자녀인 것을 증거하시고(롬 8:16), 믿는 자들을 인도하시고(롬 8:14, 갈 4:6), 믿는 자들이 마음속으로 아바 아버지라 부르짖게 하시고, 양자의 지위를 주시고(롬 8:15, 갈 4:6), 구원의 첫 열매가 되게 하시고(롬 8:23), 믿는 자들의 연약함을 도우시고 그들을 위하여 간구하시고(롬 8:26), 모든 것을 통달하시고(고전 2:10), 하나님의 생각을 아시고(고전 2:11), 십자가의 복음을 가르치시고(고전 2:13, 엡 3:5), 자기가 원하는 대로 각 사람에게 은사를 나누어 주셔서 그리스도의 몸을 세우시고(고전 12:7, 11), 우리를 인치시고(고후 1;22), 믿는 자들에게 생명을 주신다(고후 3:6). 그분은 또한 믿는 자들이 육체를 대적하게 하시고(갈 5:17), 내세의 보증이 되시며(엡 1:14), 믿는 자들의 속사람을 능력으로 강건하게 하시고(엡 3:16), 믿는 자들의 지은 죄를 근심하신다(엡 4:30) 등등.

바울서신을 보면 성령은 하나님께서 "자기를 사랑하는 자들을 위하여 예비하신 모든 것"을 우리에게 나타내 보이시는 분이다(고전 2:9 f.). 그런데, 오늘날 많은 교인들에게 나타나는 현상은 성령에 대한 이해가 부분적이거나 왜곡되어서 성령과의 교통이 이루어지지 않는다는 것이다. 그래서 성령에 대한 이해부족으로 많은 교인들은 성령 안에서 살아가지만, 성령께서 자신들의 삶 속에 함께 하신다는 것을 경험하지 못한다. 그들은 이런 질문을 한다: "내 안에 성령께서 임재하시고 사역하신다는 것을 어떻게 알 수 있습니까?". 다시 말하면, 많은 교인들에게 성령 임재의 인식 및 분별 기준이 없다는 것이다.

바울은 성령 임재에 관해서 몇 가지 인식 및 분별 기준을 제시한다. 첫째, 그는 예수 그리스도를 주님으로 고백하는 것 자체가 성령의 사역이라고 말한다: "그러므로 내가 너희에게 알리노니, 하나님의 영으로 말하는 자는 누구든지 예수를 저주할 자라 하지 아니하고 또 성령으로 하지 아니하고는 누구든지 예수를 주시라 할 수 없느니라"(고전 12:3). 바울은 한때 우상들을 섬기던 고린도 교인들이 이제 예수를 주님이라 고백하고 기도하는 것 자체가 성령의 사역임을 알려주었다. 여기서 우리가 유의해야 할 점은, 바울 시대는 황제가 주님이고, 많은 신들이 주님이라 불리웠다. 그런 때에 예수님을 주님이라 고백하는 것은 자신의 재산이나 생명까지도 잃어버릴 수 있는 위험스러운 일이었다. 이것은 이 시대 예수님을 주님이라 고백하는 것과는 크게 다르다.

둘째, 성령 받은 자는 주님을 "아빠 아버지"라고 부른다: "너희는 다시 무서워하는 종의 영을 받지 아니하고 양자의 영을 받았으므로 우리가 아빠 아버지라고 부르짖느니라"(롬 8:15). 여기서 아빠 아버지라 부르짖는 것은 일상적인 기도가 아니라 심령 깊숙한 곳에서 우러나오는, 방언과도 같은 고백이다.

셋째, 성령께서 우리에게 임재하실 때. 그분은 우리에게 다양한 선물들을 주신다. 교인들은 성령의 선물 즉 은사를 가지고 있으면서도 그것이 성령의 선물인지 알지 못한다. 안다면 그저 방언, 치유, 축귀 은사 등 몇 가지 독특한 현상을 불러오는 것들만을 은사로 알고 있다. 성령의 은사는 그리스도 안에서의 지혜의 말씀, 지식의 말씀, 섬기는 일, 가르치는 일, 위로하는 일, 구제하는 일, 지도하는 일 등 다양하다(고전 2:8, 롬 12:7-8). 이러한 은사들은 성령께서 우리들 가운데 사역하시는 증표이다. 성령님은 예수 그리스도의 몸을 세우시고 공동체의 질서를 유지시키시는 분이다. 성령께서 은사를 주시는 이유는 은사를 받은 사람들의 영광을 위해서가 아니라 교회 공동체의 유익을 위한 것이다(고전 12:7). 그리고 성령은 가시적이고 선풍적인 인기를 끄는 은사들만을 주는 것이 아니라 보이지 않는 다양한 은사들도 주셨다(롬 12:6-8, 고전 12:8-11). 성령께서는 오히려 약하고 눈에 띄지 않는 은사들을 사용하신다(고전 12:22-23).

넷째, 성령께서는 능력을 주셔서 우리의 심령을 강건하게 하시고 우리의 인격을 변화시킨다. 우리 안에 성령이 계시고 일하시는 증표로서 열매가 맺히게 되는데 그것들이 성령의 열매이다: "오직 성령의 열매는 사랑과 희락과 화평과 오래 참음과 자비와 양선과 충성과 온유와 절제니……."(갈 5:22 f.). 성령은 물질이나 에너지와 같은 비인격적인 존재가 아니라 친히 우리들의 마음을 아시고 공감하시고 개개인을 인도하시고 임재하시는 인격적인 분이다. 성령께서 우리 가운데 임하시면 우리의 왜곡된 심성이 변화되어 회복이 일어나기 시작한다.[50]

오늘날 우리 교회에서 성령의 사역을 기피하는 데는 그만한 이유가

---

50 G. D. Fee, 앞의 책, 799–801.

있다. 교회사적으로 보면, 초대 교회에 나타난 영지주의와 몬타니즘의 경우와 그 후의 많은 성령운동의 경우, 신비적이고 영적인 환상체험들과 그것들을 통한 성령의 직접적인 계시를 주장해왔다. 그리고 많은 사람들이 성령의 은사들 중에 특히 방언, 신유 또는 축귀 등 선풍적이고 기적적인 것을 추구하거나, 성령을 무슨 물질적인 힘이나 에너지로 오인하고 있다. 성령은 삼위일체의 한 분으로서 다양한 행위의 주체가 되시며 성자의 사역과 분리해서 일하시지 않는다(요 16:13-14).

다섯째, 성령께서는 성경의 말씀을 조명해 주심으로 이 모든 일들을 가능하게 하신다. 성령께서는 말씀의 깊은 뜻을 깨닫게 하시고 그것을 삶의 현장에서 기억나게 하신다. 예수 그리스도께서 부활하신 후 바울을 만나 주시고, 성령께서 눈 열어 보게 하시니, 바울은 그제야 율법 행함 속에서도 죄가 있음을 알게 되었다. 성령이 아니면 율법이라도, 성경말씀이라도 얼마든지 죄의 도구로 쓰일 수 있다. 바울은 예수님을 만나고 성령님을 체험하면서 눈이 열려 이 사실을 알게 된 것이다. '아하! 율법의 문자는 우릴 죽일 수 있구나!'. 사단이 하나님 말씀으로 예수님을 시험했듯이, 성령의 도우심이 없으면 우리가 성경을 문자적으로 읽어서 죽을 수 있다! 그래서 말씀을 읽을 땐 성령의 조명하심이 있어야 한다. 그렇지 않으면 성경을 읽어도 우리가 영적으로 죽을 수 있다: "... 율법 조문은 죽이는 것이요 영은 살리는 것이니라"(고후 3:6). 바울의 경우는 그리스도로부터 직접 계시를 받았지만, 후대의 그리스도인은 성령을 통해 바울의 계시를 이해할 수 있다. 성경본문에 대한 역사적, 문학적, 사회학적 연구도 필요하지만, 중요한 것은 성령의 조명이다.

바울은 그의 영적인 눈이 열린 후, 그동안 하나님을 기쁘시게 하지 않고 오히려 하나님을 대적하면서 살아왔다는 것을 깨달았다. 결국, 하나님이 정하신 뜻을 모르고 사는 삶은 고통의 연속일 뿐이다. 그래서 그의 삶은 자신과 타인까지도 고통스럽게 했다. 하지만 성령을 받고 하나님의 뜻을 행했을 때, 겉으로는 박해와 고통이 있다 할지라도 그의 맘속에 말할 수 없는 평안과 기쁨이 있었다. 바울은 예수 그리스도를 만나기 전에는 교회를 박해했다. 그러나 예수 그리스도를 만난 후에 그는 박해를 받는 삶을 살았다. 그럼에도 그가 그 고난을 이길 수 있었던 것은 성령의 도우심이 있었기 때문이었다.

바울은 성령님과 동행하는 삶에서 성령의 새 창조를 매일 기뻐하고 감사해야 한다고 가르친다. 그래서 우리에게는 일상적 영감과 성령체험이 필요하다.

> 하나님의 나라는 먹는 것과 마시는 것이 아니요 오직 성령 안에 있는 의와 평강과 희락이라 (롬 14:17)
>
> 술 취하지 말라 이는 방탕한 것이니 오직 성령으로 충만함을 받으라 시와 찬송과 신령한 노래들로 서로 화답하며 너희의 마음으로 주께 노래하며 찬송하며 범사에 우리 주 예수 그리스도의 이름으로 항상 아버지 하나님께 감사하며 그리스도를 경외함으로 피차 복종하라 (엡 5:18-21)

우리의 신앙생활 역시 혼란스러울 수 있고 맡겨주신 사역이 힘들 때가 많다. 그러나 성령이 함께하심으로 우리가 맡은 이 일들을 감당해 낸다. 주님은 바울에게 하나님의 깊은 뜻을 깨닫게 하심으로 그의 사역은 인류 역사를 바꾸었다. 그 놀라운 은혜가 오늘 우리에게도 임하게 된 것이며 그런 혜택을 오늘날 우리가 누리고 있다.

> 내가 복음을 부끄러워하지 아니하노니 이 복음은 모든 믿는 자에게 구원을 주시는 하나님의 능력이 됨이라 먼저는 유대인에게요 그리고 헬라인에게로다 (롬 1:16)

모든 사람에게 차별 없이 임하는 구원은 율법이 아니라 복음을 통해서 우리에게 주어졌다. 바울은 이 복음으로 인해 하나님의 의를 체험케 되었고, 이 복음을 위해 생명을 바칠 수 있게 된 것이다. 우리의 삶에서도 크고 작은 일을 겪을 때마다, 성령의 능력이 임하여 우리의 삶이 바뀔 뿐만 아니라, 우리를 통해 타인의 삶이 바뀌는 체험을 하게 되기를 소망한다.

제4장

개척의 영성:

선교와 생계비 문제

1) 선교

2) 자비량 선교

3) 자비량 선교의 의의

제4장

개척의 영성:
선교와 생계비 문제

> 또 내가 그리스도의 이름을 부르는 곳에는 복음을 전하지 않기를 힘썼노니 이는 남의 터 위에 건축하지 아니하려 함이라 기록된바 주의 소식을 받지 못한 자들이 볼 것이요 듣지 못한 자들이 깨달으리라 (롬 15:20-21)

바울은 남의 터, 곧 복음이 이미 전해진 곳에서는 전도하지 않는 것을 선교 원칙으로 삼았다. 그래서 그는 늘 복음을 듣지 못한 곳을 찾아 교회를 개척했다.[51] 그는 개척자였다. 개척자는 개척자의 영광과 권

---

51 사도 바울은 자신의 전 생애에 대해서 정확한 연대기를 기록해 놓지 않았다. 그래서 우리가 바울의 생애를 연구할 때 곤혹스러운 것 중의 하나가 그의 역사적 연대기에 관한 것이다. 성경학자들은 서신자료들과 사도행전의 자료들을 근거해서 대략 다음과 같은 연대기를 만들었지만 아직도 분명하지 않은 점들이 있다. 바울은 주후 35년 즈음에 회심하였다. 그 후 3년 동안에는 아라비아에서 선교를 하였고, 38년에 예루살렘에 있었던 베드로와 야고보를 방문하였다. 그후 그는 38-48년 동안 시리아와 길리기아 즉 소아시아 남부지역을 선교하였고(갈 1:21), 49-52년 여름 동안 갈라디아, 마케도니아와 고린도 지방을 선교하였다. 그 후 그는 52년 말-56년 동안 소

세가 있는 반면, 그에 따른 수고와 고통도 크다. 특히 바울과 같이 설립된 교회들로부터 정기적으로 지원을 받지 못하고, 스스로 일을 해서 생계비를 벌어야 하는 경우는 그 고통과 수고가 더 컸다. 이런 맥락에서 그는 이렇게 말할 수 있었을 것이다: " ... 내가 모든 사도보다 더 많이 수고하였으나 내가 한 것이 아니요 오직 나와 함께 하신 하나님의 은혜로라"(고전15:10). 이 장에서는 바울이 겪은 선교 상황과 그가 감당해야 하는 수고와 고통을 어떻게 주님의 은혜로 극복하였는 지를 알아본다.

사도행전과 사도들의 서신들을 보면, 예수의 죽음과 부활이후 신앙공동체는 이 세상에서 여러 가지 도전에 직면하게 되었음을 알 수 있다. 이러한 도전들은 신앙공동체의 존립과 그 본질을 파멸시키거나 훼손하기에 충분했다. 그러나 그러한 상황가운데서도 신앙 공동체의 정체성을 부활한 예수에게서 찾고 그 본질을 잃지 않기 위해서 투쟁한 사람들이 사도들이며 제자들이었다. 그들은 그 공동체를 예수 그리스도의 몸으로 이해하고, 이 땅에서 머리되신 예수 그리스도와 동질성을 확보하고자 끊임없이 노력했다. 이러한 갖가지 도전들에 대항해서 투쟁한 사도들중에 우리는 바울의 헌신적 삶과 그의 신학적 공헌을 기억

아시아, 고린도와 마케도니아를 거쳐 56년에 예루살렘을 방문하였으나 유대인들에게 체포되고 56-58년 동안 가이샤랴에서 감옥생활을 하였다. 그 후 바울은 로마 황제의 재판을 요구하였고 그 재판을 위하여 로마로 압송되고 로마 감옥에서 58-60년 2년동안 옥중생활을 하였다. 그후 그가 언제 순교했는지 정확하게 모른다. 그 때는 네로황제의 박해 당시로서 대략 62-65년 경에 순교했을 것이라 추정한다.1 그러나 어떤 학자들은 그가 로마 감옥에서 풀려나 땅 끝이라 불리는 스페인까지도 갔을 거라 하기도 하지만 확인할 수 없다. 이것이 바울의 개략적인 일대기라 할 수 있다. M. L. Soards, "The Life and Writings of Paul", in *The New Testament Today*(Louiville: Westerminster John Knox Press, 1999), M. A. Powell, ed. 93-94

한다. 그는 그의 고백대로 "그 어느 누구보다도 더 수고한" 사도였다. 그의 수고는 신학적으로나 선교적으로 이 공동체의 순수성을 유지하기 위한 노력에서 두드러지게 나타난다. 우리는 여기서 바울의 선교현장과 신학적 수고를 살펴본다.

1) 선교

바울은 이방지역에서 여러 교회를 세웠다. 바울은, 어떻게 보면, 개척 선교사와 개척 목사의 원조라고 할 수 있다. 바울은 어떤 교회를 세웠나? 그가 세운 교회들은 고린도 교회, 에베소 교회, 갈라디아 지방의 교회, 빌립보 교회, 데살로니가 교회였다. 바울은 세운 교회들을 계속해서 방문하거나 서신들을 통해서 관계성을 가졌는데, 그 중에서 관계가 좋았던 교회가 있고 긴장관계에 있었던 교회도 있다. 빌립보 교회와 데살로니가 교회는 바울이 생각할 때마다 마음이 평온하고, 자랑스럽고 감사한 교회였다. 반면에, 고린도 교회와 갈라디아 교회는 바울과 갈등이 있었던 교회였다.

여기서는 바울이 고린도 교회와 갈라디아 지방의 교회에서 겪은 갈등이 무엇이며, 그가 그 갈등들을 어떻게 해소했는가를 살펴 본다. 그렇게 함으로 우리가 가정, 교회, 직장에서 겪는 갈등을 어떻게 해소해 나갈 수 있을까를 생각해 보고자 한다.

A. 고린도 교회

고린도 시는 그리스 남부 아가야 지방에서 제일 큰 항구 도시이다. 항구도시에는 예측할 수 없는 바다를 생존의 무대로 사는 사람들이 많기 때문에, 그들에게는 내일이 항시 불안하다. 그래서 각종 미신과 종교가 많다. 고린도도 그랬다. 바울이 아테네에 가서 복음을 전했는데, 아테네는 지성의 중심으로서 복음 전도가 잘 되지 않았다. 아테네 사람들은 복음을 논쟁의 주제로 삼고 논쟁만 일삼았다. 지적인 사람들은 논쟁하기를 좋아한다. 그러다 보니 교회가 서지 않았다. 바울은 자기도 유혹을 받아서 '너희만 지식이 있냐? 나도 지식이 있다'고 하면서 학문적으로 논쟁을 하다 보니까 교회를 세우는 것이 어려웠다.

죄가 많고, 불안하고, 삶이 흔들리는 곳에 교회가 선다: "... 죄가 더한 곳에 은혜가 더욱 넘쳤나니" (롬 5:20). 바울의 선교에 응해서 고린도에 있던 유대교 회당장들이 회심하고 고린도인들이 회심을 해서 교회가 세워졌다. 그런데 여기에 많은 문제들이 발생했다: 파당 문제, 음행 문제, 법정시비, 우상 숭배, 은사 오용과 남용, 예배 질서 문란, 성찬식 오용, 부활의 문제 등.

교회에서 분쟁과 파당이 일어나는 이유는 지도자의 정체성을 교인들이 모르기 때문이다. 교인들은 교회 지도자를 세상 지도자의 기준으로 이해했다. 고린도 교회는 지도자 중심으로 분열되었다. 교인들은 어떤 지도자를 선호함으로 파당과 파벌을 만들었다. 고린도 교회 파당의 1차 원인은 세례를 누구한테 받았느냐에 따라 분열되는 것이었다. 그 당시만 해도 고린도 교회는 여러 선교사들이 거쳐 가는 교회였다. 그래서 교인들은 세례를 준 지도자를 따랐다. 바울은 세례 주는 것을 억제

했다. 그 이유는 복음전파가 우선이었기 때문이다.

바울은 세례 대신 복음 전하는 데 집중했다. 그 복음은 교인들을 그리스도안에서 하나로 만들어주고 통합시킨다. 그래서 그는 십자가의 복음을 전하는 일에 최선을 다했다. 바울의 메시지는 분명하다: 지도자에게 집착하기 보다는 복음의 진리를 수호하라! 그리고 그는 고린도전서 3장에서 지도자들에게도 일단의 권면을 했다. 사역자의 사명은 복음의 진리로 교인들을 양육시키는 것이다. 지도자들은 주님 앞에서 스스로의 사역에 대해 성찰하고 사역에 대한 1차적 책임을 주님께 져야한다. 교인들은 지도자들을 존경하되 의존하지 말고, 주님의 가르침에 집중해야 한다. 지도자나 교인이나 주님과의 관계를 소홀히 해서는 안 된다. 그래서 지도자나 교인이나 독거하면서, 침묵하고, 기도하는 영성수련이 필요하다. 이 기간은 주님의 말씀에 따라서 신앙생활과 인간관계를 다시 살펴보고, 자신의 내면을 성찰하는 시간이다.

성령강림 이후에는 하나님의 영이 개개인의 믿는 사람들에게 거하고, 그 개개인이 거룩한 하나님의 성전이다(고전 3:16). 그래서 하나님의 몸을 더럽히면 하나님께서 징계하신다(고전 3:17). 오늘날의 신앙을 보면 예배시의 고백이나 신조는 삼위일체인데, 실제 신앙생활에서는 이위일체(二位一體)로서 교인들은 성령의 임재를 잘 모른다. 교인 개개인에게 성령님이 개별적으로 임재하시지만, 우리는 성령의 임재를 싫어하고 두려워한다. 교회개혁은 제도만을 개선한다고 되는 것이 아니다. 하나님께서 성령으로 개개 교인에게 임재하시고, 성령께서 개개인을 통해 새로운 교회 공동체로 만들어 주셔야 한다. 지도자와 교인은 성령께서 이루신 교회 공동체를 사랑하고 두렵게 생각해야 한다. 성령께서 근본 해결책을 가지고 계신데 우리는 너무 관심이 없다.

성령께서 임재하시고 교통하심을 일상에서 늘 느낄 때 하나님의 말씀이 새롭게 깨달아진다. 그래서 성령의 임재는 개혁의 시작이다. 우리 안의 죄악을 성령님을 통해 제거하는 삶의 여정이 개혁의 여정이다. 성령 친밀하지 못하면 교회의 성숙이 없다. 주님께서 교회 공동체를 주셨기에 교회 공동체를 훼손하는 사람은 징계를 해야 한다(고전 5:13). 그러나 그가 회개하면 받아들여야 한다(고후 2:6-7). 왜냐하면, 교회에서 치리와 권징의 궁극적 목적은 개인과 교회 회복을 위한 것이기 때문이다. 초기 한국 교회에서는 징계가 엄격했는데, 흥미로운 사실은, 징계를 받았던 그 가문에서 교회 지도자들이 많이 나왔다고 한다. 그리스도인이 성숙해 나가기 위해서는 거룩한 공동체가 꼭 필요하다. 그래서 교회 안에서의 죄악에 대해서는 어떤 식이든 징계를 해 나가야 한다. 이 징계는 죄를 미워하되 죄인을 사랑하는 원리로 이루어져야 한다. 바울은 이 원리에 따라 그가 개척한 교회를 교육시켜 나갔다.

바울은 고린도 교인들을 사랑하고 갖은 수고를 다했지만, 아이로니컬하게도, 그들로부터 도전과 상처를 받기 시작했다. 교인들과의 관계에서, 우리가 섬기려고 할 때 감동을 받는 사람이 있는가 하면, 그 반대가 되는 사람도 있다. 우리가 우리를 낮추고 겸손하면 우리를 더 무시하고 공격하는 사람들이 있다. 바울은 그런 부류의 사람들을 만나면서 속앓이를 많이 하게 된다. 바울은 고린도 교인들을 향해서 염려, 근심, 분노, 불안, 슬퍼하는 감정들을 많이 갖고 있었다. 고린도 교회에서 많은 문제들이 생기는 것을 보고 바울은 편지를 통해 자신의 감정을 이렇게 표현하고 있다: "내가 마음에 큰 눌림과 걱정이 있어 많은 눈물로 너희에게 편지를 썼노니 이는 너희로 근심하게 하려 한 것이 아니요 오직 내가 너희를 향하여 넘치는 사랑이 있음을 너희로 알게 하려 함이라"(고후 2:4).

고린도후서 11장 23절 이하를 보면 바울은 선교를 하면서 당했던 고통과 많은 위험 등을 열거하고 있다. 선교 현장에서의 환난 목록을 열거하고 난 뒤에, 그는 "이외의 일은 고사하고 아직도 날마다 내 속에 눌리는 일이 있으니 곧 모든 교회를 위하여 염려하는 것이라"(고후 11:28)고 고백하고 있다. 교인들 중에 누가 약하면 바울 자신도 약해지고, 누가 실족하면 자기 가슴이 타고.... 이런 염려, 불안, 걱정 등이 고린도 교회를 향해서 바울이 가지고 있었던 정서였다. 무엇보다도, 그는 자신의 사랑과 헌신을 그들이 알아주지도 않고 이해하지 못하고 있는 것을 보면 말할 수 없는 고통을 느꼈다.

바울이 그리스도의 종으로서 권세는 있었지만, 그 권세는 그들을 지배하고 파괴하는 권세가 아니라 세워야 하고, 사랑해야 하고, 헌신해야 하는 권세였다. 그들이 그것을 받아주고 알아주면 목회하기가 얼마나 좋았겠는가? 그러나, 현실은 오히려 그 반대였다. 그럴 때 그의 심정이 어떠했을까? 그는 그들을 종처럼 섬기는 자신의 모습을 보면서, 때로는 냉소적인 어투로 말하고 있다:

> 우리는 그리스도 때문에 어리석으나 너희는 그리스도 안에서 지혜롭고 우리는 약하나 너희는 강하고 너희는 존귀하나 우리는 비천하여 바로 이 시각까지 우리가 주리고 목마르며 헐벗고 매맞으며 정처가 없고 또 수고하여 친히 손으로 일을 하며 모욕을 당한즉 축복하고 박해를 받은즉 참고 비방을 받은즉 권면하니 우리가 지금까지 세상의 더러운 것과 만물의 찌꺼기 같이 되었도다 (고전 4:10-13)

바울은 그들이 시험들까 싶어서 물질적으로 요구하는 것 없이 그렇게 섬기는데, 그들이 그런 사랑을 몰라줄 때 속이 상했다. 인간적으로 보면, 바울은 자존심이 강한 사람이었다. 로마 시민권을 가지고 있었고 헬라어, 히브리어를 잘 할 정도로 교육을 받았다. 그런 그가 세상적으로 보면 신분이 낮고 무지한 교인들을 섬기려고 했을 때 속에서 갈등이 심했을 것이다. 바울은 아마 우리가 너희의 종이 되었다고 선포한 것을 후회했을 지도 모른다: "우리는 우리를 전파하는 것이 아니라 오직 그리스도 예수의 주되신 것과 또 예수를 위하여 우리가 너희의 종된 것을 전파함이라"(고후 4:5). 그는 고린도 교인들을 자녀처럼 생각하고 사랑했다. 사랑이 많으면 상처도 크다. 바울이 이런 상처와 고통을 받았을 때, 자존심 상하고 견딜 수 없을 만큼 외로울 때 그것을 어떻게 극복하면서 선교를 계속해 나갔을까?

그런 고통 가운데서 그는 사랑을 배워나갔다. 그래서 고린도전서 13장의 사랑의 찬가가 감동적이다: "사랑은 오래 참고 사랑은 온유하며 시기하지 아니하며 사랑은 자랑하지 아니하며 교만하지 아니하며 ... 모든 것을 참으며 모든 것을 믿으며 모든 것을 바라며 모든 것을 견디느니라"(고전 13:4,7). 바울은 오래 참았다. 참을성, 겸손, 자기 비움, ... 바울은 이것들을 예수님에게서 배웠다. 바울은 고통을 당할 때마다 십자가의 예수님을 생각했다. 그는 예수님의 그 고통을 자신이 현실에서 당하고 있다고 믿었다. 그는 십자가의 예수님과 자신을 동일시 하기 시작했다. 그래서 그가 깨달은 십자가의 도는 예수님의 십자가에서 배운 것이다. 이것은 세상사람들이 볼 때 정말 어리석은 것이다. 우리가 자신을 희생해서 사람들을 섬기는 것은 계산에 안맞는 어리석은 짓이다. 그러나 그는 예수님의 십자가를 바라보면서 예수님의 부활을 소망했다. 예수님의 십자가 뒤에 하나님께서 그를 부활시키셨다. 바울은 자신이 겪는 고통들이 그리스도를 사모하는 마음으로 변하게 되면서 그리스도의 임재를 강하게 경험했다. 바울의 이 말은 이런 맥락에서 이해할 수 있다: "나는 이제 너희를 위하여 받는 괴로움을 기뻐하고 그리스도의 남은 고난을 그의 몸된 교회를 위하여 내 육체에 채우노라"(골 1:24). 그래서 그는 고통이 심할 때 십자가를 생각하고 그 뒤의 부활을 생각했다. 그는 현실에서 겪는 십자가 고통을 통해서 그리스도와 하나가 되면서, 천국에 함께 있을 것이라는 소망을 꿈꾸면서 살았다. 그는 그리스도와 함께 있으리라는 기쁨과 감격을 기대하면서 그 모든 어려움을 극복해 나갔다:

> 이는 내게 사는 것이 그리스도니 죽는 것도 유익함이라 그러나 만일 육신으로 사는 이것이 내 일의 열매일진대 무엇을 택해야 할는지 알지 못하노라 내가 그 둘 사이에 끼었으니 차라리 세상을 떠나서 그리스도와 함께 있는 것이 훨씬 더 좋은 일이라 그렇게 하고 싶으나 내가 육신으로 있는 것이 너희를 위하여 더 유익하리라 (빌 1:21-24)

그는 그리스도와 함께 있게 될 부활의 몸에 대해서 고린도후서 5장에서 상세하게 설명하고 있다.

> 만일 땅에 있는 우리의 장막 집이 무너지면 하나님께서 지으신 집 곧 손으로 지은 것이 아니요 하늘에 있는 영원한 집이 우리에게 있는 줄 아느니라 참으로 우리가 여기 있어 탄식하며 하늘로

부터 오는 처소로 덧입기를 간절히 사모하노라 (고후 5:1-2)

이 땅에서의 우리의 몸은 장막 곧 텐트와 같다. 우리는 이 텐트에 거하면서 괴로워하고, 아쉬워하고 염려하고, 애타하면서 살고 있다. 우리가 이 땅에서 무슨 맨션에 산다고 해서 우리 몸이 맨션이 아니다. 이 땅에서 우리 몸은 장막과 같다. 그는 우리가 사는 장막집이 무너지면 손으로 짓지 아니한 부활의 몸이 있다는 기대감으로 고통을 이겨냈다. 우리가 선교사, 목사, 사모, 교인으로 섬기고 살면서 당하는 마음의 고통이 클 때가 있다. 때로는, 우리가 섬기는 사람들을 보고 속으로 이렇게 말한다. '그래, 너희는 존귀하다. 그래, 너희는 공주고 왕자다. 그러나 우리는 세상의 찌꺼기가 됐다.' 그러나 우리가 장막 속에 살면서 겪는 불안, 염려, 고통과 갈등을 통해서 십자가의 예수님과 부활의 예수님을 바라보면 그것들을 극복할 수 있는 힘을 얻는다. 그래서 바울은 그의 이러한 삶을 이렇게 묘사하고 있다: "우리는 속이는 자 같으나 참되고 무명한 자 같으나 유명한 자요 죽은 자 같으나 보라 우리가 살아 있고 징계를 받는 자 같으나 죽임을 당하지 아니하고 근심하는 자 같으나 항상 기뻐하고 가난한 자 같으나 많은 사람을 부요하게 하고 아무 것도 없는 자 같으나 모든 것을 가진 자로다"(고후 6:8b-10).

지금 그리스의 고린도 시에 가면 2천 년 전에 바울이 세운 그 교회가 있다. 바울이 그 교회의 초대 목사고, 그 뒤에 아볼로가 2대 목사로 되어있고 그 뒤를 이어 지금까지 많은 목사들이 담임하여 내려오고 있다.

B. 갈라디아 교회

우리가 바울과 갈등이 많았던 고린도 교회를 살펴보았는데, 바울이 선교하기 어려웠던 또 다른 교회가 갈라디아 지방의 교회였다. 우리가 갈라디아서를 읽어 보면 고린도 교회보다 분위기가 더 힘들었던 것을 느낄 수 있다. 갈라디아서를 보면 바울이 몹시 긴장하고 극도의 갈등을 느꼈다는 것을 알 수 있다. 그 편지에서 그는 인사를 짧게 하고 강한 어투로 시작한다. 그 이유는 이 교회에 바울 자신이 전한 복음의 진리가 왜곡되었기 때문이다. 갈라디아서는 루터가 특히 사랑했던 편지였다. 왜냐하면, 이 편지의 주된 내용이 종교개혁의 핵심인, 율법의 행위가 아니라 믿음으로 말미암아 구원을 받는다는, 즉 이신칭의이기 때문이다.

갈라디아 지방이라고 하면 지금의 터키 지역이다. 이 지역은 비시디아 안디옥, 이고니온, 루스드라와 더베를 포함하는 지역이다. 이 지역의 교회들은 바울 일행이 1차 선교 여행 시에 세운 교회들이다. 바울이 세운 교회에 다른 선교사들이 들어가면서, 믿음만으로 구원받는 것이 아니고 율법의 행위도 하고 예수 그리스도의 믿음도 가져야 한다고 가르쳤다. 바울은 믿음만으로 구원 받고, 할례, 절기, 음식 규정등의 율법을 지킬 필요 없다고 전했다. 그 당시에 성경이라고는 구약밖에 없었다. 그 성경에는 분명히 할례를 받고, 절기를 지키고, 정결 규정과 음식 규정을 지키도록 되어있다. 그런데 왜 바울은 이것들을 지킴으로서가 아니라, 예수 그리스도를 믿음만으로 구원받는다고 했는지, 갈라디아 교인들은 이해할 수 없었다. 그들은 혼란스러웠다. 그들이 볼 때에 분명히 성경에서 율법을 지키라고 되어 있으니 이것을 지켜야 되지 않느냐라고 생각했다. 다른 선교사들이 할례, 절기, 정결 규정을 다 지키면서 예수를 믿으라고 전하니, 갈라디아 교인들은 그들의 말에 설득을 당했다. 그래서 그중의 몇 사람은 할례를 받았을 것이다. 이런 갈라디아의 상황을 염두에 두고 3장 1-5절을 보자.

> 어리석도다 갈라디아 사람들아 예수 그리스도께서 십자가에 못 박히신 것이 너희 눈 앞에 밝히 보이거늘 누가 너희를 꾀더냐 내가 너희에게서 다만 이것을 알려 하노니 너희가 성령을 받은 것이 율법의 행위로냐 혹은 듣고 믿음으로냐 너희가 이같이 어리석으냐 성령으로 시작하였다가 이제는 육체로 마치겠느냐 너희가 이같이 많은 괴로움을 헛되이 받았느냐 과연 헛되냐 너희에게 성령을 주시고 너희 가운데서 능력을 행하시는 이의 일이 율법의 행위에서냐 혹은 듣고 믿음에서냐

여기서 갈라디아 교인들에게 바울이 "어리석도다 누가 너희를 꾀더냐 성령으로 시작하였다가 육체로 마치겠느냐" 하고 강한 분노를 나타낸다. 바울은 다른 복음(율법도 행하고 그리스도 믿고), 다른 영, 다른 그리스도를 전하면 그가 천사라고 할지라도 저주를 받을것이라고 강력하게 비판한다. 바울은 이것을 분명히 했다:

> 무릇 율법의 행위에 속한 자들은 저주 아래에 있나니 기록된 바 누구든지 율법 책에 기록된 대로 모든 일을 항상 행하지 아니하는 자는 저주 아래에 있는 자라 하였음이라 또 하나님 앞에서 아무도 율법으로 말미암아 의롭게 되지 못할 것이 분명하니 이는

의인은 믿음으로 살리라 하였음이라 (갈 3:10-11)

변질된 복음을 전하는 거짓 사도들에게 넘어간 갈라디아 교인들에게 바울은 격한 분노를 느꼈다. 오늘 우리는 바울이 복음의 진리를 위해서 투쟁한 덕분에 기독교의 핵심적인 진리인 이신칭의를 지켜 나올 수 있었다. 우리는 구약성경의 율법을 다 지킬 필요가 없다. 우리는 율법의 구속에서 벗어나 예수를 믿는 믿음 하나만으로 구원 받는다. 우리는 이신칭의라는 것을 당연하게 받아들이지만, 바울 당시 구약을 믿는 유대인 중심의 선교 상황에서 그가 무엇을 가지고 율법을 지키지 않고 믿음만으로 구원을 받을 수 있다라고 가르쳤을까? 율법을 행하고 그리스도도 믿고, 이것이 더 논리적이 아닐까? 무엇을 근거로 바울은 그리스도를 믿는 믿음만으로 구원을 받을 수 있다라고 했을까? 이 질문은 오늘 우리들에게 중요한 주제이다.

오늘 우리가 구약을 성경으로 받아 들여 구약을 읽고 있는 상황 속에서 이신칭의를 확실하게 말할 수 있는 근거가 어디 있느냐? 율법을 지키고도 그리스도를 믿을 수 있는 것이 아닐까? 할례도 받고, 돼지고기도 안 먹고, 절기를 다 지키고 예수를 믿으면 더 거룩하게 보이는 것이 아닐까? 바울이, 왜 그러면, 다른 선교사같이 율법을 다 지키면서 예수 그리스도를 믿으라고 하지 않고, 오직 그리스도를 믿음만으로 구원을 받을 수 있다고 했을까? 갈라디아서 3장 2절에 그 해답이 있다:

내가 너희에게서 다만 이것을 알려 하노니 너희가 성령을 받은 것이 율법의 행위로냐 혹은 듣고 믿음으로냐 바울은 갈라디아 교인들에게 너희가 성령을 받은 것이 율법을 다 지켜서 받은 것이냐 아니면 복음을 듣고 믿어서 받은거냐고 질문했다. 사도행전 10장을 보면 이방인의 성령강림 사건이 기록되어 있다. 고넬료는 유대인이 아니고 유대인들이 적대시 하던 로마 군인이었다. 베드로가 이방인 고넬료 집에 들어가서 복음을 전했는데, 이 사람들이 그 복음을 받아 들이니 성령이 그들에게 내리셨다. 그 본문을 읽어보자.

> 베드로가 이 말을 할 때에 성령이 말씀 듣는 모든 사람에게 내려오시니 베드로와 함께 온 할례 받은 신자들이 이방인들에게도 성령 부어 주심으로 말미암아 놀라니 이는 방언을 말하며 하나님 높임을 들음이러라 이에 베드로가 이르되 이 사람들이 우리와 같이 성령을 받았으니 누가 능히 물로 세례 베풂을 금하리요 하고 명하여 예수 그리스도의 이름으로 세례를 베풀라 하니라 그들이 베드로에게 며칠 더 머물기를 청하니라 (행 10:44-48)

그래서 초대 교회와 바울에게 있어서 확실한 사실은 성령(하나님의 영)이 임하고 구원받는 것은 율법을 다 지켜서가 아니고 예수 그리스도의 복음을 듣고 믿음으로서라는 것이다. 바울이 여러 계시 가운데 특히 이신칭의를 지켜나간 이면에는 성령께서 주신 확신이 있었기 때문이다. 성령의 임재가 없으면 설교도, 교육도, 전도도, 일상의 신앙생활에서도 확신이 결여된다. 오늘 우리는 무엇보다도 구원의 진리에 대한 확신이 있어야 한다. 성령님이 함께 하시지 않으면 구원의 삶을 살아낼 수가 없다.

로마서에서 성령장이라고 부르는 장이 8장이다. 8장의 제일 끝을 보면 확신에 대한 이야기를 하고 있다: "내가 확신 하노니 사망이나 생명이나 천사들이나 권세자들이나 현재 일이나 장래 일이나 높음이나 깊음이나 다른 어떤 피조물이라도 우리를 우리 주 그리스도 예수 안에 있는 하나님의 사랑 안에서 끊을 수 없으리라"(롬 8:38-39). 신앙과 삶의 깊이는 구원에 대한 확신의 정도에 달려 있다. 어려움과 고통이 닥칠 때 우리는 하나님의 사랑을 의심하기 쉽다. 삶의 어떤 환경에서라도 흔들림이 없고, 하나님의 사랑이 식지 않는 믿음을 가지고 싶은 것이 우리의 기도 제목이다. 이것은 우리가 성령의 도우심을 받을 때만이 가능하다.

C. 선교 현장에서의 갈등

우리가 구원의 확신을 가지게 될 때 전도와 선교를 하고 싶은 열정을 가진다. 빛을 찾은 사람은 어둠 속에 있는 사람들을 바라봤을 때, 그 마음속에서 말할 수 없는 안타까움이 생겨나게 된다. 바울도 복음에 순종하지 않는 동족과 이방인을 바라봤을 때 안타까움이 있었다. 바울은 그 심정을 이렇게 표현했다: "헬라인이나 야만인이나 지혜있는 자나 어리석은 자나 다 내가 빚진 자라 그러므로 나는 할 수 있는 대로 로마에 있는 너희에게도 복음 전하기를 원하노라"(롬 1:14-15). 그리스도께서 자기를 구원하신 것은 자기를 통해서 유대인들과 이방인들이 구원 받기를 원하신 것이다. 그래서 바울은 자신을 빚진 자라고 했고, 그 빚을 갚지 않으면 마음이 편하지 않았던 것이다. 그는 복음을 전하지 않으면 고통스러웠다. 유대인들은 하나님에 대한 열심이 있었지만 그들이 하나님의 계시에 대한 바른 지식이 없음을 보고 바울은 마음이 말할 수 없이 안타까웠다: "내가 증언하노니 그들이 하나님께 열심이 있으나 올바른 지식을 따른 것이 아니니라"(롬 10:2). 그는 그리스도의 계시를 통해서 자유로워지고 생명을 누리기 때문에 그것을 동족과 이방인들이 누렸으면 하는 안타까움이 컸다. 그의 동족 이스라엘을 향한 그의 애틋한 심정이 이 구절에 잘 표현되어 있다: "나의 형제 곧 골육의 친척을 위하여 내 자신이 저주를 받아 그리스도에게서 끊어질지라도 원하는 바로라"(롬 9:3).

역사적으로 보면, 유대인들이 하나님을 위해서 받았던 고난과 고통은 말로 표현할 수 없다. 그래서 바울은 그들이 먼저 그리스도를 통해서 구원을 받았으면 좋겠다는 심정으로 선교할 때 항시 유대 회당에 먼저 들어가서 그리스도를 전했다. 그러나 복음을 받아들이지 않았던 동족들로부터 그는 끊임없는 반대와 박해를 당했다. 그는 유대인들로부터 사십에 하나 감한 매 즉 서른 아홉 대의 매를 다섯 번이나 맞았다. 그 당시 이 형벌은 회당에서 줄 수 있는 최고의 형벌이었다. 그 당시는 로마 지배하에 있었기 때문에 유대인은 자기 동족이라도 사형시킬 수가 없었다. 그는 이 형벌을 외에 태장을 세 번이나 맞고 돌에 두 번이나 맞았다(고후 11:24-25). 자기 동족이 끝내 복음을 받아들이지 않았기 때문에 그는 선교 방향을 이방인에게 돌렸다. 그래서 그는 안타까운 마음으로 이방인(헬라인)을 향한 하나님의 구원 계획을 선포하기 시작했다:

> 실라와 디모데가 마게도냐로부터 내려오매 바울이 하나님의 말씀에 붙잡혀 유대인들에게 예수는 그리스도라 밝히 증언하니 그

> 들이 대적하여 비방하거늘 너희 피가 너희 머리로 돌아갈 것이요 나는 깨끗하니라 이후에는 이방인에게로 가리라 (행 18:6-7)

예수 그리스도 안에 있는 유대인들은 그들이 유대인이지만 이방인과 더불어 살았다. 하나님께서 구원을 이방인들에게 전하고자 했던 것을 그들의 삶을 통해 실천한 것이다. 마태복음을 보면 그 첫머리에 족보가 나온다. 그 족보를 자세히 보면, 유대인의 위대한 왕인 다윗조차도 다말, 라합, 룻 등 이방 여인들이 없었다면 태어날 수 없었다. 유대인들의 역사에서 나타난 것처럼, 이방인을 향한 하나님의 구원 계획이 바울의 계시에서 뚜렷하게 나타났다. 하나님의 구원 계획에 따라 오늘 이방인인 우리가 그 구원의 반열에 들어가 있다.

바울이 여러 교회에 예수 그리스도의 계시 즉 참된 복음을 전했지만, 그가 그곳을 떠난 후에 왜곡, 변질된 거짓 복음이 많이 생겼다. 그리고 그것을 전하는 거짓 사도들과 거짓 예언자들이 나타났다. 특히 고린도후서와 갈라디아서를 보면 다른 그리스도, 다른 복음, 다른 영을 전하는 사람들이 있었다. 거짓된 사도들과 거짓된 형제들이 바울의 복음을 비판하고 그것을 전하는 바울을 비판했다. 고린도후서 10-11장을 보면 그들은 바울을 인신공격까지 했다. 그들의 말에 의하면, 바울의 편지는 힘이 있는데 실제 그를 만나보면 말도 시원찮고 볼품이 없다고 했다. 바울을 대적하는 사람들의 정체에 대해서는 여러 학설들이 있지만 그들은 대략 다음 세 가지 부류의 사람들이었다.

> 1. 유대주의자들: 이들은 구원이 예수 그리스도를 믿음만으로 되지 않고 구약의 율법을 다 지켜야 된다고 주장했다.

2. 영지주의자들: 이들은 예수 그리스도를 믿음으로 구원을 받는 것이 아니라 신비한 영적 지식을 터득함으로 구원을 받는다고 믿었다. 이들은 구약 율법을 철저하게 지키자는 유대주의자들과는 달리 구약성경을 기독교 복음에서 제외시켜야 한다고 주장했다.
3. 세속주의자들: 이들은 복음의 진리를 헬라의 대중 철학과 종교와 혼합시켜 세상적인 부귀와 권세와 명예를 얻고자 하였다.

그 당시나 지금이나 명품에는 가짜 즉 짝퉁이 많다. 우리들이 구원의 확신을 가지고 있지 않으면 거짓 복음으로 얼마든지 미혹 당할 수 있다. 영지주의자들은 자기들의 교리를 뒷받침하기 위해서 구약과 신약을 대조해서 불일치하는 것만 찾아냈다. 그것을 신구약 대조서라는 책으로 만들어서 믿는 사람들을 미혹했다. 우리가 성령 안에서 확신을 가져야 하는 이유는 우리 주변의 이단들이 논리적으로나 성경적으로 치밀하게 우리들을 설득하기 때문이다. 그들에게 귀를 기울이면 순식간에 넘어갈 수 있다. 그래서 우리는 성령님 안에서 확신이 있는 신앙인이 되어야 한다. 교회 지도자들 조차도 자칫 속아 넘어가는 수가 있다. 그만큼 오늘날 우리들의 상황이 심각하다. 구원의 진리를 위해서 바울이 그토록 논쟁했던 이유는 성령님 안에서 예수의 계시에 대한 확신이 있었기 때문이다.

우리에게 바울이 전해주는 메시지는, 오늘날도 우리 주변에 이단이나 사이비들이 많기 때문에 진리의 확신을 가지고 그들과 싸워야 한다는 것이다. 그들은 진리를 변질시켜서 교회를 파탄에 이르게 하는 사람들이다. 이단이고 사이비일수록 겉이 더 멋있어 보인다. 그들이 성경을 해석하는 것을 보면 너무나 교활하다. 바울은 디도에게 이단을 만나거든 한두 번 훈계한 후에 멀리 하라고 권고했다(딛 3:10). 그 사람들을 우리가 설득하고 변화시키기가 힘들기 때문이다. 그래서 우리는 배우고 확신하는 일에 거하면서 성령의 조명을 받아 그리스도의 온전한 형상에 이르러야 한다.

바울의 선교사역은 쉬운 것이 아니었다. 그의 선교 사역에서 대적하는 무리들이 많이 있었지만, 무엇보다도 고통스러운 것은 그의 동역자들과의 갈등이었다. 제2차 선교 여행 때 바울은 바나바와 갈등을 겪었다(행 15:36-41). 제1차 선교 여행때 마가는 삼촌인 바나바를 따라 갔는데, 마가는 선교라는 것을, 요즘 말하면, 단기 선교 여행 정도 생각했었던 것 같다. 그러나 그가 선교 현장에 들어가 보니 그 고통과 위기가 보통이 아니었다. 그곳에는 삶과 죽음이 왔다 갔다 했다. 그래서 그는 선교 여행에 동참했다가 큰 고통을 겪어 중간에 포기하고 돌아갔었다. 그래도 바나바는 2차 선교 여행 때 그를 데리고 가자고 했는데 바울은 거절했다. 이 사건은 선교 자체가 얼마나 긴장되고 어려운 것인가를 보여준다. 이 문제 때문에 바울은 바나바와 갈등이 있었다. 그러나 후에 바울은 디모데에게 마가를 그에게 데리고 오라고 하면서 그와 화해했다(딤후 4:11).

바울에게 있어서 또 하나의 갈등은 베드로와의 갈등이었다. 갈라디아서 2장 11-13절을 보자.

> 게바가 안디옥에 이르렀을 때에 책망 받을 일이 있기로 내가 그를 대면하여 책망하였노라 야고보에게서 온 어떤 이들이 이르기

전에 게바가 이방인과 함께 먹다가 그들이 오매 그가 할례자들을 두려워하여 떠나 물러가매 남은 유대인들도 그와 같이 외식하므로 바나바도 그들의 외식에 유혹되었느니라

위의 사건이 안디옥 사건이다. 안디옥 사건은 게바 즉 베드로가 안디옥에 체재했을 때 일어났던 사건이다. 베드로는 연장자고 예수님의 수제자인데 바울은 그를 대면해서 비판했다. 왜 그랬을까? 바울은 야고보에게서 온 어떤 이들로 인해서 베드로가 이중적인 행동을 한 것에 대해서 비판했다. 야고보에게서 온 이들이 누구인가? 성경에는 야고보가 여러 사람 나오는데, 이 야고보는 예수님의 동생 야고보이다. 그는 야고보서의 저자로 알려져 있다. 야고보가 예루살렘에서 파송한 사람들이 안디옥에 도착했다. 베드로는 이방인 그리스도인들과 같이 식사를 하고 있다가 이 사람들을 두려워해서, 같이 식사하는 자리에서 다른 곳으로 갔다. 왜 베드로가 그 사람들을 두려워했을까?

원래 예루살렘 교회는 12제자가 지도자였었다. 그런데 예루살렘 교회에 예수님의 어머니 마리아와 예수님의 형제들이 들어오면서, 혈육인 야고보하고 수제자인 베드로와 사이에 긴장 관계가 생겼을 수 있었다. 그런 상황에서 안디옥에 야고보가 보낸 사람들이 왔을 때, 베드로는 이방 그리스도인들하고 밥을 먹다가 자리를 옮겼다. 율법에 의하면, 유대인들은 무할례자들인 이방인들과 같이 식사를 못하게 되어있다. 그만큼 초대 교회에서 할례 문제가 중요한 문제였다. 바울이 봤을 때 베드로의 행동은 위선적이었다. 이때까지 이방 그리스도인들하고 식탁 교제를 하고 있다가 야고보에게서 온 사람들을 보고, 베드로는 그들이 무서워서 자리를 옮겼다. 이것을 보고 바울은 베드로를 책망했

다. 이것은 베드로가 복음의 진리에 따라서 일관적인 행동을 못했기 때문이다. 이 사건을 보면, 예수님의 동생 야고보가 예루살렘에서 베드로도 두려워할 만큼 강력한 인물이 됐다는 것을 알 수 있다.

율법을 두고 발생하는 사도들 간의 이런 갈등으로 인해서 최초의 사도 공회의가 열렸다. 이 회의의 결과 결국 이방 그리스도인들은 할례, 음식법, 정결법을 지키지 말고, 오직 그리스도를 믿음으로 말미암아 구원을 얻게 하자는 결론에 이르렀다(행 15:6-21). 이것을 보면, 유대인이나 이방인이나 오직 믿음으로 말미암아 구원을 얻게 된다는 진리가 기독교의 정통으로 자리잡게 된 데에는 상당한 진통이 따랐음을 알 수 있다. 이런 갈등 이야기를 들으면, 우리는 바울이 자신에게 주어진 하나님의 계시를 어떻게 해서든지 전하고자 했었던 그 열정을 느낄 수 있다. 그의 헌신과 수고로 동료들 간에 갈등도 있었지만, 복음의 진리는 사도 공회의를 통해 그리스도교의 정통적인 메시지로 확정되었다.

2) 자비량 선교

바울의 헌신은 특히 그의 독특한 선교 방식에서 찾아볼 수 있다. 우리는 바울의 독자적인 선교 방식에 관해서 알아본다.

선지자의 소명은 그가 선지자 사역을 시작하는 시점이 되지만, 이 소명이 현실적으로 그의 생계를 보장해주는 수단이 되지는 않는다. 다시 말하면, 선지자는 그의 사역을 감당하기 위해서 생계 수단을 가져야만

했다. 선지자들에게 소명이 생업이 될 수 없기에 그들이 어떤 기관에 속해 있지 않으면, 생업에 종사하면서 예언 활동을 할 수밖에 없었다. 아모스 선지자의 경우는 그의 생업이 목축업과 농업이었다(7:14-15).

유대인들은 직업에 대한 독특한 사고를 가지고 있다. 탈무드를 보면 '유대인들이 자식들에게 기술을 가르치지 않는 것은 자식을 도둑으로 만드는 것이다.'라는 말이 있을 정도로 기술을 중요시했다. 바울이 가죽, 즉 피혁제품을 손수 만들었던 기술은 아마도 부모로부터 이어 받았던 것으로 추정된다. 바울이 다른 사도와 다른 점이 있다면 그는 자비량으로 선교를 했다는 것이다.

데살로니가전서에 보면 "... 너희 아무에게도 폐를 끼치지 아니하려고 밤낮으로 일하면서 너희에게 하나님의 복음을 전하였노라"(2:9)라고 할 정도로 그 노동량이 많았던 것으로 본다. 군인들에게는 가죽배낭이나 텐트 등이 많이 필요하다. 그래서 바울의 부모는 이것을 만들어 로마 군대로 기증했을 것으로 보며, 그 대가로 시민권이 주어졌을 것으로 추정된다. 바울은 이미 시민권을 가진 부모에게서 태어나 출생 시부터 로마 시민권을 가진 자로서 중산층 시민이었고, 헬라어를 유창하게 할 수 있었다. 그러면서도 유대인이었기 때문에 교육을 통하여 바리새인으로 성장할 수 있었다. 그는 헬라어 교육도 잘 받았고, 철저한 바리새인으로서 유대 교육도 잘 받아 능통한 자였다. 바울을 통해 기독교가 크게 전파될 수 있었던 것도 이러한 교육들이 기초가 되었기 때문이라 할 수 있다.

바울의 선교 방식은 당시의 지도적인 사도들의 것과는 다른 것이었다. 이러한 차이로 인하여 바울의 선교 현장에서 그의 사도성에 대한 의혹과 갈등이 심화되었음을 알 수 있다. 예수는 그의 제자들을 파송

할 때 제자들의 생계방식에 관하여 아래와 같은 지침을 주었다: "너희 전대에 금이나 은이나 동을 가지지 말고 여행을 위하여 배낭이나 두 벌 옷이나 신이나 지팡이를 가지지 말라. 이는 일꾼이 자기의 먹을 것을 받는 것이 마땅함이라"(마 10:9-10b). 이 말씀에 따르면, 선교사들은 선교 사역지에서 보조를 받아 살 권리가 있다. 원시교회 선교사들의 생계 유지방식은 예수께서 그의 제자들을 파송할 때 준 지침이 근간이 되었다. 바울도 고린도전서 9:14을 보면 이 지침을 알고 있었음이 분명하다: "이와 같이 주께서도 복음전하는 자들이 복음으로 살리라 명하셨느니라". 그런데 바울은 자비량 선교 방식을 택했다. 그는 어떤 동기와 배경으로 천막제조공[52]으로 그의 생계를 유지하게 되었는가? 이 질문은 로마시민권을 소유한 중산층 이상의 계층에 속한 그가 하층계급의 천하고 고통스러운 이 직업을 택했다는 점에서 더욱 관심을 끈다.

자비량 선교전략의 주제는 한국 교회의 현 선교 상황에서 볼 때 심도있게 연구해보아야 할 주제라고 생각된다. 왜냐하면, 선교사나 교역자가 교회의 보조 없이 생계를 책임지고 선교나 목회활동을 해야 하는 자비량 선교와 목회가 점증하고 있기 때문이다. 또한, 생계비나 사례비 문제는 우리의 상황으로 볼 때 공개적으로 다루기를 꺼려하는 문제이다. 그래서 직접, 간접적으로 이와 관련해서 발생하는 문제들도 적지 않지만 이에 대한 진지한 토론이 이루어지지 않고 있다. 바울이 선교할

---

52 사도행전 18:2-3을 보면 바울은 업이 같은 아굴라와 브리스길라 부부와 고린도에서 함께 거했는데 그 업은 "천막을 만드는 것"이었다. 개역 개정 성경에서는 skenopoios를 '천막 만드는 업자'로 번역했는데 이 단어의 일반적인 뜻은 '가죽 직공'으로 고대 세계에서 모직물과 가죽을 재료로하여 자르고 깁고 하면서 옷감, 천막, 외투, 융단, 커튼 등을 만들었다고 한다.

그 당시는 이 문제가 더욱 어려웠을 것이다. 그러나 교회와의 관계에서 이 문제가 노출되었을 때에 바울은 이 문제를 회피하지 않고 직접적으로 다루고 있다. 우리는 바울의 자비량 선교의 시대적 배경과 선교 상황, 그리고 그 동기와 의의에 대한 연구를 통해서 현대의 자비량 선교와 목회 전략을 배울 수 있다고 본다.

A. 시대적 배경

바울의 자비량 선교를 바로 이해하기 위해서는 1세기 유대사회의 랍비나 교사들과 그레코로만 사회에서의 철학자들의 생계 문제를 알 필요가 있다.

유대종교에서 랍비나 현자들이 노동을 권장하고 스스로도 노동을 통해서 생계를 유지한 전통은 그 뿌리가 깊다. 랍비들이 권세나 부에 대해 경계할 것을 가르치고 그들 스스로 그렇게 살고자 했을 때, 그들이 일반 백성들과 같이 노동하거나 생업을 가지지 않을 수 없었을 것이다. 물론 노동을 한다해도 그들은 가난을 면하기 어려웠다. E. E. 우르바흐(Urbach)에 의하면, 헤롯시대의 쉬마야(Shemaya)와 아르탈리온(Artalion)의 경구에는 이런 글이 있다: 노동을 사랑하고 다스리는 것을 싫어하라. 너 자신을 통치자에게 드러내지 말라.[53] 현자들의 통치

---

53 E. E. Urbach, "Class-status and Leadership in the World of the Palestine Sages", *Proceedings of the Israel Academy of Science and Humanities*(Jerusalem: 1968), 46.

자나 왕정에 대한 부정적인 태도는 일반 백성들 가운데서 그들이 명망을 얻게 하였지만, 현실적으로는 단순하고 가난한 삶을 살지 않을 수 없었다. 그래서 그들은 종종 수공업을 하거나 경작을 하면서 살았다. 사웁 벤 보트니스(Saub b. Botnith)와 그의 동료 랍비인 엘라자르 벤 자독(Elazar b. Zadoq)은 예루살렘에서 일생 동안 가게주인으로 살았다. 얌니안 세대의 랍비 요하난(Yohanan b. Nuri)은 가난한 자들과 같이 밭에 남겨져 있는 것들을 주워 모아 생계를 이어갔다.

그러나, 토라 연구와 생업을 겸하는 것에 대하여 비판적인 시각도 있었다. 랍비들이 그들 스스로의 생계를 위하여 노동을 했지만, 생업 때문에 토라 연구가 소홀하게 되는 것을 두려워했다. 그래서 랍비 모딘의 엘라자르(El′azar of Modiin)는 생업에서 자유롭고 항상 토라를 연구하는 자가 백성을 다스려야 한다고 했다. 랍비 시므온(Shim′on Bar Yohay)은 학자들이 가난한 생활을 하더라도 토라 연구에 전념할 것을 권했다. 심지어 랍비 가말리엘은 믿음 있고 토라 연구에 뛰어난 사람들을 선택해서 회중이 생계를 지원해야 한다고 주장했다.[54] 이상의 랍비들은 토라 연구라는 전문직을 만들어 소수의 사람들이 이 지적 활동에 전념해야 한다는 입장을 표명한 셈이다. 유대종교에서 토라 연구의 중요성을 감안해 볼 때 충분히 납득이 가는 주장이다.

그러나, 전술한 대로, 토라를 공동체의 현실적인 삶과 분리해서 단순히 학문적으로, 지적으로 연구해야 한다는 견해를 반대하는 전통이 그 뿌리가 더 깊다. 이 전통에 의하면, 만약 랍비들이 토라 연구에 전념하

---

54 위의 책, 61.

여 그에 합당한 생계를 보장받는다면 그들은 교만해질 것이라는 것이다. 얌니아 시대의 어떤 랍비는 이 점을 염두에 두고 이런 말을 했다: "나나 노동자나 무슨 일을 하든 서로 아무 차이가 없다. 어떤 일을 하든, 마음이 하늘을 향해 있는 것이 중요하다."[55] 이 전통은 설령 토라 연구에 우선권을 둔다 하더라도 노동을 경시해서는 안 된다는 정신을 강조한다: "노동은 위대하다. 왜냐하면 그것은 노동하는 자를 명예스럽게 하기 때문이다." 어떤 랍비의 이 경구는 뿌리 깊은 노동존중의 전통을 잘 표현한 말이다. 비록 후대로 가면서 랍비들이 부유한 자들이나 회중의 보조에 의존하는 것이 일반화 되었지만, 유대교의 전통 중에는 생업과 토라연구를 병행해야 한다는 사상이 뿌리깊이 깔려져 있다. 바울은 바리새적 전통을 익히면서 유대교의 학자들이나 현자들의 삶의 방식에 대한 전승을 많이 접했을 것이 틀림없다. 바울이 천막제조 기술을 익힌 때는 그가 회심하기 이전이었을 것이다. 이런 측면에서 보면, 바울의 자비량 선교의 배경에는 랍비적 관습과 이상의 영향이 간접적으로 작용하고 있었음을 알 수 있다.

다른 한편으로는, 바울이 선교한 교회들은 모두 이방인 지역의 교회였다. 그래서 그의 선교 방식은 그 시대 그레꼬 로마 문화의 영향을 받지 않을 수 없었을 것이다. 소크라테스는 철학자의 생계 문제에 대해서 이런 말을 한 적이 있다: "어느 누구로부터 선물이나 보수를 받지 않는 나보다 더 자유한 사람(eleutherioteros)이 사람들 가운데 있겠는가?" (Xenophon Apol. 16)[56] 바울의 동시대인인 스토아 학파의 무소니우스

---

55 위의 책, 62.

56 R. F. Hock, 전경연 역, 『바울 선교의 사회적 상황』(대한기독교출판사, 1989), 76에서

도 철학자들이 스스로 일하는 것은 남에게 의존하지 않고 자유로운 삶을 살기 위한 것이라 했다. 어떤 견유주의자의 서신에서 우리는 또한 이러한 글귀를 발견할 수 있다: “철학으로 돈을 버는 것은 옳지 않다. 그것은 내게 적용된다. 왜냐하면 나는 신의 명령에 의해서 철학을 하기 때문이다.”[57]

그러나 헬라 철학자들의 세계에서도 철학하는 것과 생계를 분리시키지 않은 사람들이 더욱 많았다. 소크라테스의 제자인 플라토도 강사료를 받았고, 아리스토텔레스는 권력자의 가정에 들어감으로 생계문제를 해결했다. 사실 엄격한 견유주의자들을 제외한 대부분의 철학자들은 강의료를 받거나 가정에 입주하는 것을 좋아했다. 일반적으로 보면, 근로를 통해서 생계를 해결한 철학자들은 수가 적었다. 그럼에도 불구하고, 헬라철학의 전통 중에는 자유를 위해서 그 어느 누구에게도 의존하지 않는 정신이 면밀히 살아있었고, 생계문제로 인한 철학자들 사이의 갈등도 끊이지 않았다.

B. 자비량 선교의 동기와 상황

바울이 자비량 선교전략을 그의 이방 선교의 전반적 상황에 적용하였겠지만, 이 사실이 가장 많이 언급되고 있으며, 가장 철저하게 그 원칙을 고수하려고 한 곳은 고린도 교회와의 관계에서이다: 고린도전서

재인용.

57 위의 책, 52 에서 재인용.

4:12, 9:1-18, 고린도후서 11:5-15, 12:11-18. 고린도전 후서 이외의 곳으로서는 데살로니가전서 2:6-12과 후서 3:7-9에서 이 주제가 나타난다.

초대 기독교인의 그레코로만 사회에서의 지위는, 바울의 진술에 근거로하여, 하층계급에 속한 것으로 이해되었다: "형제들아, 너희를 부르심을 보라. 육체를 따라 지혜있는 자가 많지 아니하며, 능한 자가 많지 아니하며, 문벌 좋은 자가 많지 아니 하도다"(고전 1:26). 초대 교회는 주로 가난한 자들, 노예들, 소농민, 수공업자와 소상인들로 구성된 것으로 알려져 왔다. 그러나 최근의 사회학적 연구결과에 의하면, 초대 기독교는 여유가 있는 수공업자들, 상인, 자유직업 부류의 도시 사람들 속에 빠르게 전파되었다는 것이다. G. 타이센(Theissen), W. 믹스(Meeks) 등의 이러한 연구결과는 바울의 생업에 관한 종래의 견해에 의문을 던지게 한다.[58]

대부분의 성서학자들은 사도행전 18:5에 근거하여 바울이 작업장에서 선교하지 않았다고 주장한다: "실라와 디모데가 마게도냐로부터 내려오매 바울이 하나님의 말씀에 붙잡혀 유대인들에게 예수는 그리스도라 밝히 증거하니". 실라와 디모데가 마케도니아 지방에서 선물을 가지고 온 것은(고후 11:8-9) 바울로 하여금 생업을 그만두고 선교에 전념하게 하기 위한 것이라고 본다.[59] 그러나 최근의 사회학적 연구결

58 G. Theissen, *The Social Setting of Pauline Christianity*(Edinburgh: T & T Clark, 1982); W. Meeks, The First Urban Christians: The Social World of the Apostle Paul(New Haven: Yale University Press, 1983) 참조.

59 사도행전 18:5의 suneixeto to logo를 개역 성경은 "말씀에 붙잡혀"라고 번역했는데 공동 번역은 "오로지 전도에만 힘썼다"라고 번역했다. 개역 성경은 KJV의 "was pressed in the spirit"과 맥을 같이하고 공동 번역은 새번역 "오직 말씀전하는 일에만

과가 지적하는 대로, 초대 기독교인들 중에 중산 계층의 수공업자들이 있었고, 이 도시 저 도시로 여행하기 쉬운 자유직업을 가진 사람들이 다수 있었다는 사실은 바울이 작업장에서 오랫동안 선교활동을 했을 가능성을 높혀 준다. 다시 말하면, 바울이 천막 제조공으로서 이 도시 저 도시로 옮겨 다니면서 선교했을 것이다.

사실, 바울과 같이 이곳저곳으로 옮겨 다니면서 선교하기 좋은 직업을 가진 초대 기독교인의 선교적 역할이 지금까지 과소 평가된 것은 부인할 수 없다. 이 기독교인들은 바울이 작업장에서 선교한 결실일 가능성도 커진다. 바울이 이들을 작업장에서 만나 회심하게 하고, 개심한 이들이 또한 여러 곳을 전진하면서 기독교를 전파했다고 볼 수 있을 것이다. 바울은 그의 작업장에서 가죽을 자르고 깁는 작업을 하면서 지나가는 사람들이나 그의 고객들에게 복음을 전했을 것이다. 텐트를 만드는 작업장은 비교적 조용하였기 때문에 일대일이나 소규모 그룹의 사람들에게 효과적으로 전도할 수 있었을 것이다. 사도행전에는 바울이 작업장에서 입은 앞치마에 대한 언급이 나타난다: "하나님이 바울의 손으로 놀라운 능력을 행하게 하시니 심지어 사람들이 바울의 몸에서 손수건이나 앞치마를 가져다가 병든 사람에게 얹으면 그 병이 떠나고 악귀도 나가더라"(행 19:11-12).

바울은 자신이 천막제조의 이 일을 오랫동안 했음을 고백한다: "형제들아 우리의 수고와 애쓴 것을 너희가 기억하리니 너희 아무에게도 폐를 끼치지 아니하려고 밤낮으로 일하면서 너희에게 하나님의 복음을

힘쓰며"와 현대인의 성경 "말씀전하는 일에만 힘쓰며", 그리고 RSV "was occupied with preaching", NIV "devoted himself exclusively to preaching"과 그 뜻이 유사하다.

전하였노라"(살전 2:9). 더구나, 바울은 대중을 상대로 하는 유창한 연설가가 아니었기에 이 방법이 더욱 그에게 적합했을 수도 있다(cf. 고후 11:6). 고대 사회에서 가난한 자들이나 소농, 소상인들, 자유롭지 못한 수공업자들이 여러 곳을 다니면서 전파했을 가능성은 적다.

바울이 회심과 소명을 경험했지만 그것이 그의 사도권과 생계를 보장해 주는 것은 아니었다. 그는 회심전 교회를 박해했고 그의 소명은 예수의 공생애 기간 중에 이루어진 것도 아니었다. 바울 사도직에 대한 비판은 동시에 그의 생계비 확보에 지대한 영향을 미쳤다. 왜냐하면, 그는 다른 사도들처럼 떳떳이 생계비를 요구할 수도 없었고, 그를 정기적으로 지원해주는 교회도 없었기 때문이다. 바울에게 있어서 천막제조업은 천하고 힘든 노동이었고, 또한 하층계급으로 자신을 낮추는 치욕스러운 일이었다: "내가 너희를 높이려고 나를 낮추어 하나님의 복음을 값없이 너희에게 전함으로 죄를 지었느냐?"(고후 11:7).

바울이 그의 사도권을 쓰지 아니하고 생업을 택한 이유는 "그리스도의 복음에 아무 장애가 없게 하려 함"이라고 천명하고 있다(고전 9:12). 바울은 그가 개척한 교회와의 관계에서 재정적 부담을 지우지 않게 하기 위하여 극도로 조심하는 모습을 보인다. 폐나 누를 끼치지 않겠다는 그의 진술은 바울이 자신의 생계비를 논하는 곳에서는 어디에나 나타난다: "너희에게 폐를 끼치지 아니하려고"(고후 12:14); "너희 아무에게도 누를 끼치지 않기 위하여 스스로 조심하였거니와 또 조심하리라"(고후 11:9); "너희 아무에게도 누를 끼치지 아니하려고"(살전 2:9; 살후 3:8).

바울은 고린도전서 9장에서 사도가 생계비를 받을 수 있는 근거를 다양한 방식으로 논증하고 있다: 사람의 예(9:7); 율법(9:8-9); 성전의 관습(9:13). 무엇보다도, 그는 선교사가 복음으로 살아야 한다는 주님의 명령(마 10:10, 눅 10:7)도 알고 있었다. 그럼에도 불구하고 그는 그의 권한을 사용하지 않았다. 바울에게 있어서 지상목표는 복음이 전파되는 것이고, 이를 위해서는 그 어떤 것도 거침돌이 되어서는 안된다고 보았다.[60] 바울은 이것이 사도로서 충성을 다하는 것으로 이해했고(고전 4:2), 사도는 또한 무엇에든지 아무에게나 거리끼지 않아야 한다고(고후 6:3) 믿었다.[61] 바울은 그와 교인들의 관계를 부모와 자녀의 관계로 비유한다. 그가 스스로 일을 한 것은 자녀들을 위한 부모의 희생으로 생각했다: "어린 아이가 부모를 위하여 재물을 저축하는 것이 아니요 이에 부모가 어린 아이를 위하여 하느니라"(고후 12:14); "부모가 자기 자녀를 기름과 같이"(살전 2:7). 바울이 생각하는 이 관계는 단순히 복음 전도자와 교인의 일반적인 관계를 초월한다. 그가 밝힌 대로, 그리스도 안에서 일만 스승이 있지만 그는 복음으로써 그들을 "낳았다"(고전 4:15). 따라서 그와 교인들과의 관계는 그리스도 안에서 부모와 자녀의 관계다. 이 개념은 예수께서 말씀하시는 하나님 뜻 안에서의 가족 개념과 일맥 상통한다(막 3:34 f.).

바울은 교인들을 위하여 온갖 희생을 무릅쓰고 재물을 저축하여 그들에게 베풀고자 했다. 이것이 그가 그들에게 보여주는 현실적인 사랑이었다(고후 11:11, 11:15; 살전 2:8). 그런데 바울의 반대자들은 바울이 생계비를 받지 않은 것을 트집 잡았다. 그들은 바울이 생계비를 요구

---

60 G. Theissen, 앞의 책, 40.

61 F. W. Grosheide, *The First Epistle to the Corinthians*(Grand Rapids: Eerdmans Publishing Co, 1980), 207.

하지 않는 이유는 그가 교인들을 사랑하지 않기 때문이라고 선동했다. 그렇지 않으면 어떻게 그가 교인들의 호의를 거절할 수 있겠는가 하고 반문했다. 그의 반대자들이 고린도 교인들을 선동한 것에 대해서 바울이 그토록 고통스러워하는 것은 그가 그들을 자녀같이 사랑하였기 때문이다: "내가 너희를 사랑하지 아니하느냐?"(고후 11:11); "너희를 더욱 사랑할수록 나는 덜 사랑을 받겠느냐?"(고후 11:15). 바울이 분노를 느끼는 것은 그의 반대자들이 교인들의 어려운 사정을 감안치 않고 생계비를 요구하며 그들 위에 군림하고, 심지어, 그들을 가혹하게 대할지라도 그들이 바울의 반대자들을 따른다는 사실 때문이었다: "누가 너희로 종을 삼거나, 잡아 먹거나, 사로잡거나 자고하다 하거나 뺨을 칠지라도 너희가 용납하는도다"(고후 11:20).

바울의 문제는, 그가 고린도인들을 사랑하면 할수록 그들은 그를 더욱 멀리한다는 것이다(고후 12:15). 바울은 그들을 사랑하나 문제는 그들의 사랑이 자라지 않는다는 것이다. 바울은 이런 상황 속에서도 계속 그들을 사랑하고자 했고, 그 사랑을 보여주는 구체적인 증거로 보수를 받지 않고 헌신하려고 하였다. 그러나 고린도인들은 그가 보수를 거절한 것이 사도로서의 확신이 없거나, 아니면, 그들과 진정한 관계를 맺는 것을 거부하는 것으로 보았을 것이다. 고린도인들의 이러한 정서는 대적자들로 인해서 더욱 증폭 되었을 것이다. 특히 바울이 예루살렘 교회를 위해서 모금 활동을 했는데, 이것이 여러 가지 의혹과 소문을 불러일으켰음에 틀림없다. 바울이 고린도후서 12:17-18에서 이 문제를 거론하고 있는 것으로 봐서 문제의 심각성을 짐작할 수 있다.

바울과 고린도인들 간에 이러한 갈등은 바울이 그토록 헌신했던 복음전도에 커다란 장애가 되었음에 틀림없다. 이런 문제들로 인해서 우리는 그의 편지에서 일종의 "절제되지 않은 흥분 상태"(unrestrained excitedness)를 가끔 느낄수 있다.[62] 그의 말은 강한 감정의 격발로 끊긴다. C. K. 배럿(Barrett)은 바울의 서신들에서 문장이 끊기는 현상이 바울의 특징이라고 보았다(롬 1:11 f, 5:6 f, 고전 15:1 f, 고후 12:6 f, 17, 갈 2:3 ff.).[63] 우리는 이 단락을 근거로 다음과 같은 추론을 해 볼 수 있다. 바울은 자신의 사도권이 도전을 당할 때마다 자신이 교회의 보조를 받지 않고 생계를 유지했다는 사실을 상기시킨다. 바울은 다른 사도들과는 달리 이렇게 선교하는 것을 자랑으로 여겼다.

그러나 고린도전서 9:15b를 보면 누군가가 바울이 자랑스럽게 생각하고 있는 것을 비판하고 있음을 알 수 있다: "누구든지 내 자랑하는 것을 헛된 데로 돌리지 못하게 하리라." 이들은 바울이 스스로 일하는 것은 그가 떳떳하게 교회의 보조를 받을수 없기 때문이라고 보았고, 또 그렇게 다른 이들에게 설명했을 것이다. 그러나 바울은 현실적으로 스스로 일하는 어려움을 통해서 고린도인들에게 자신이 얼마나 그들을 사랑하는가를 보이려고 하였다. 그리고 그는 대적자들과 비교하여 자신이 얼마나 진실한 사도인가를 자랑하였을 것이다.

그런데 바울의 반대자들은 그가 생계비를 요구하지 않는 것은 사도로서의 자격이 없기 때문이라고 비방했다. 그들은 바울의 말이 시원찮고(고후 11:6), 사도로서의 위엄도 없기 때문에(고후 10:10), 바울의 메시지보다도 자신들의 메시지가 더 권위있다고 주장했다(고후 11:4). 이 상황은 대가를 받지 않고 가르친 소크라테스(Socrates)를 안티

62 E. Best, *Second Corinthians*(Atlanta: John Knox Press, 1987), 104.

63 C. K. Barrett, *A Commentary on the First Epistle to the Corinthians*, 208.

포(Antipho)가 유사한 내용으로 공격한 것에 비길 수 있을 것이다(Xenophon, *Memorabilia*, I vi 12).[64] C. K. 배럿은 바울의 상대방이 바울과 같은 사도임을 자랑하고 싶어하지만, 그들은 보수를 받기 때문에 그와 같은 사도가 될 수 없음을 알고, 그를 폄하시키기 위한 의도를 가지고 공격한 것으로 보았다.[65] 사실, 마태복음 10장에 나타난 복음전파에 대해 주어진 두가지 지침은 상호 긴장관계에 있다(10:8, 10). 복음은 값없이 받았으니 값없이 전해야 하지만, 복음 전파자는 복음 전파에 전념하기 위해서 그의 생계에 대해서 자유로워야 한다. 바울은 스스로 일함으로써 이 문제를 해결하고자 했고 이러한 해결에는 필연적으로 자기 희생이 따랐다.

3) 자비량 선교의 의의

바울은 복음을 값없이 전하는 것을 그의 자랑 혹은 상으로 여겼다(고전 9:15, 18; 고후 11:10, 12). 바울은 대가 없이 복음을 전함으로써 듣는 사람들의 삶이 변하고, 공동체가 형성되어 가는 것을 바라보는 기쁨이 그의 상이라 생각했다. 이것은 그가 복음전파로 차지할 몫

64 P. E. Hughes, *The Second Epistle to the Corinthians*(Grand Rapids: Eerdmans Publishing Co, 1982) 383.

65 C. K. Barrett, *The Second Epistle to the Corinthians*(New York: Harper & Row, 1973), 285; G. Theissen, 앞의 책, 53.

이었다. 그는 물질을 몫으로 얻기보다는 복음이 역사함으로 거기서 오는 기쁨을 몫으로 택했다.[66]

자랑이나 상에 관한 바울의 진술들은 고린도 교회에 보낸 서신들에만 나타난다. 바울이 자랑을 언급한 이 구절들은 해석하기가 용이하지 않다. 대적자들과의 관계에서 바울이 자랑이나 상을 자신의 생업과 연관시켜 진술할 때, 그는 정서적으로 격앙된 모습을 보이고, 그의 진술마저 의미가 불분명할 때가 있다.[67] 이것은 바울의 대적자들이 바울이 자랑하려는 근거를 박탈하려고 하기 때문이었을 것이다(고전 9:15). 사실, 바울편에서 보면 때로는 어쩔 수 없이 복음을 전해야 할 때도 있었다. 그는 만일 자신이 복음을 전하지 않으면 화가 있으리라고 말하기도 했다(고전 9:16). 또한, 갈라디아 교회에서 복음을 전할 때 육체의 연약함 때문에 전했고, 이 연약함은, 그것이 분명히 무엇을 말하는지는 몰라도, 갈라디아 교인들을 "시험할 것"(갈 4:14)이었다고 증언한다(갈 4:13).

바울이 이런 경우들처럼 어쩔수 없는 필요(anagke) 때문에 복음을 전했다면, 그의 자랑이나 상의 근거가 희박해지는 것은 사실이다. 그러나 바울이 임의로 전하든 직분을 맡아 전하든 사도로서의 권한이 그에게 있음은 부인할 수 없다. 그가 그 권한을 쓰지 않고 스스로 일을 한 것은, 그가 다른 사도들보다 더욱 더 교회를 사랑하는 표징이었고, 이것은 그의 자랑이요 기쁨이었다.

바울은 자신이 스스로 일을 한 것은 본을 보이기 위함이었다고 말한

---

66 G. Theissen, 앞의 책, 51.

67 C. K. Barrett, *The First Epistle to the Corinthians*, 207.

다. 그가 본을 보인다는 것은 두 가지 측면에서 이해할 수 있다. 직접적인 맥락에서 보면, 임박한 재림기대로 직업과 노동을 포기하고 재정적으로 교회의 부담이 되는 사람들이 문제가 되었다. 데살로니가 교회에서는 "도무지 일하지 아니하고 일만 만드는 자들"(살후 3:11)이 생겼다. 바울은 이들을 향해서 자신이 스스로 일을 한 점을 상기시키면서, 그들이 그를 본받을 것을 권했다(살후 3:1-8).

보다 넓게 볼 때, 바울은 예수 그리스도의 말씀을 실현하고자 하는 그의 삶을 통해서 교인들에게 본을 보이고자 했다. 예수의 희생과 사랑을 아는 자는 권리를 주장하고 이익을 바라기 전에 스스로 몸된 공동체를 위하여 포기해야 한다. 이 정신은 그의 십자가 신학에 기초하고 있다.[68] 그는 또한 공동체의 지체들중에 약한 자를 먼저 배려하고, 그들에게 걸림돌이 되지 않아야함을 누누이 강조하였다. 우상의 제물에 대한 교훈에서 보는 바와 같이 "너희 자유함이 약한 자들에게 거치는 것이 되지 않도록 조심하라"(고전 8:9)라고 명한다(참고 롬 14:1, 13; 15:1). 바울이 사도권을 자발적으로 억제한 것은 이 원칙에 따라 스스로 본을 보이기 위함이었다.[69]

바울이 생업을 가지게 된 배경에는 토라 연구와 노동을 조화시키려는 유대 랍비들의 영향이 간접적으로 작용하고 있었음을 부인하기 어렵다. 그리고 당시 헬라 세계에서 대가 없이 철학을 교수함으로써 자유를 구가하려 했던 철학자들의 정신이 복음을 값없이 전하는 바울의 모습에서 어렴풋이 드러난다. 그러나 바울이 사도권을 억제하고 생업

68 C. K. Barrett, 위의 책, 207.

69 F. W. Grosheide, 앞의 책, 201.

을 택한 직접적인 배경과 동기는 무엇보다도 그가 개척한 교회와의 관계에서 찾아야한다. 그가 연약한 공동체에게 복음을 전하는 데 그 어떤 장애도 없도록 각별히 배려한 결과가 천하고 고통스러운 생업을 택하는 계기가 되었다. 그는 연약한 자들을 위해서 스스로 연약한 자가 되었고, 그 약함으로 인해서 그리스도의 능력이 항시 그와 함께 하기를 간구했다.

바울은 자신의 고통이 단지 자신만의 고통이 아니라, 십자가에 달리신 그리스도의 고통임을 깨닫게 됨으로써 자신의 고통에서 해방되는 경험을 하게 된다. 이 십자가와 부활의 그리스도는 바울이 사도로서의 사역을 감당하게 하는 강력한 모델이 되었다. 그리스도는 인간이 두려워하는 최악의 상태를 통하여 인간이 희구하는 최고의 영광을 획득하였다.[70] 바울은 이 그리스도의 영이 자신에게 머물게 하기 위해서 그 자신을 철저하게 비우고자(kenosis) 하였다. 바울에게 있어서 그리스도의 임재는 자신이 비워지고 낮아지는 것을 의미했고 그 결과로 다가오는 고난을 의미했다. 그가 고난의 종으로 살고자 한 것은 그리스도를 수용하여 그와 함께 하고자 함이었다.

바울이 경험하는 수용성의 본질에 대하여 S. 타라초우(Tarachow)는 이렇게 설명한다. 여기에서 말하는 수용성이란 그리스도에 대한 개인적 관계에서 그 개인이 가질 수 있는 선취권(initiative)를 포기하는 것을 의미한다. 이 관계에서는 그리스도와의 모든 상호 교류가 반드시 수동적이 되어야 한다. 만약 그가 수용성의 자세를 유지하면 그리스도는

---

70 R. L. Rubenstein, *My Brother Paul*, 29.

그 안에 살고, 그는 율법이 지배하지 못하는 자유로운 삶을 산다. 그러나 만약 그가 수용성의 자세를 유지하지 못하면 그리스도는 떠나고 그는 다시 육의 통제하에 들어가서 율법의 지배를 받게 될 것이다.[71]

이것은 단순히 자기를 부인하는 것을 넘어서서 자신 속에 있는 그리스도 혹은 하나님을 드러내기 위함이었다. 우리는 바울의 서신에서 '내가 아니요, 그리스도 혹은 하나님이라' 라는 구절을 종종 접할수 있다(고전 15:10, 갈 2:20 등). 바울이 사도로서 겪는 갈등은 그리스도의 영이 십자가 같은 현실에서 겪는 갈등이다. 이런 맥락에서 바울은 "나는 ... 그리스도의 남은 고난을 그의 몸된 교회를 위하여 내 육체에 채우노라"(골 1:24)고 말했다.

한편으로 보면, 바울이 자신을 비워 그리스도의 영이 그에게 충만할 때에 그는 사실 "내가 지극히 큰 사도들보다 부족한 것이 조금도 없는 줄 생각하노라"(고후 11:5)고 말할 수 있었다. 그러나 다른 한편으로는, 이 부활의 영광을 누리기 위해서 현실적으로 그는 최악의 상태를 겪었다: "내가 생각건데 하나님이 사도인 우리를 죽이기로 작정한 자 같이 미말에 두셨으매 우리는 세계 곧 천사와 사람에게 구경거리가 되었노라"(고전 4:9). 바울이 굳이 보수를 거절하고 자비량 선교 원칙을 고수한 것도 이러한 맥락에서 이해할 수 있다. 그는 사도로서 부양을 받을 수 있음에도 불구하고 노예적인 상태와 고난을 의미하는 천막제조업을 버리지 않았다.

---

71 S. Tarachow, "St. Paul and Early Christianity: A Psychoanalytic and Historical Study," in *Psychoanalysis and the Social Science* ed. G. Roheim, W. Muensterberger and S. Axelrad(New York: International Univ. Press, 1947–58), vol.1–5 4:248.

바울이 사도로서 자비량 선교를 택하게 된 동기와 의의를 다음과 같이 요약할 수 있다.

첫째, 바울이 자비량 선교원칙을 택한 것은 십자가의 그리스도를 그의 선교 사역의 모델로 삼았기 때문이다. 죄인들을 지극히 사랑하기 때문에 고난을 택하신 예수 그리스도의 영이 그 안에 거하심으로, 바울은 희생적인 사랑으로 교회를 돌보았고, 노예적인 생업을 사도의 요건으로 받아들였다.

둘째, 바울에게는 현실적으로 결여된 사도적 요건으로 인해서 그의 적법한 사도성을 증명할 필요가 있었다. 그의 이러한 필요는 다른 사도들이나 그들이 파송한 선교사들과의 관계에서 더욱 심각해졌다. 이러한 상황에서 바울은 자비량 선교원칙이 교인들의 재정적 연약함을 보완하고, 복음 전파의 효율성을 높임으로 그가 적법하고, 때로는 누구보다 뛰어난 사도임을 나타내 보이고자 하였다.

바울은 고린도후서 12:9에서 "나의 여러 약한 것들에 대하여 자랑하리니"하며 그의 여러 약한 것들을 언급하였다. 그가 자비량 선교를 택하게 된 것도 바로 그가 약함을 택했기 때문이고, 그는 자신의 다른 약함들을 자랑한 것같이 이 선교 원칙을 자랑으로 여겼다.

제5장

바울의 영성수련

1) 영성수련의 시작: 내면 성찰

2) 약함의 영성

3) 환난 중의 영성

4) 영성수련의 목표: 성령의 열매

제5장

바울의 영성수련

오늘날 많은 교인들이 기독교 영성(Christian Spirituality)을 추구하게 된 데에는 여러 가지 시대적 배경이 작용하고 있다. 산업사회의 발달로 많은 사람들이 물질적 풍요를 삶의 목적으로 삼아 개인주의적 삶을 살고 있다. 이런 배경 가운데서 사람들은 정신적인 빈곤과 영적인 갈급함을 느끼고 있다. 우리 교회는 그간 수적 성장을 목표로 해서 성장해 왔으나 교인 개개인의 영적 갈급함이 심화되고 있다. 전통적으로 개신교는 영성을 경건, 헌신, 제자도 등으로 이해하고 이를 열심히 추구해왔다. 그러나 최근에 이르러 여러 가지 요인들로 인하여 신앙생활이 습관화, 형식화됨으로서 신앙의 필수적인 요소인 믿음, 소망과 사랑이 약화되고 있다. 그래서 교회에서는 영성에 대한 관심이 높아져 가고 있다. 그러나 영성에 대한 오해나 저항도 있다. G. D. 피는 이것을 이렇게 설명한다: "공동체라는 측면을 더 강조하는 사람들은 때때로 '영성'을 포함하여 개인의 경건을 겁내거나 불편해 한다. 모든 경건주의 운동들(개인의 영성에 강한 관심을 갖는 운동들)은 교회의 지나친 집단

주의 때문에 하나님과 개인의 관계가 상실되거나 함몰되는 경향에 대한 반응으로 일어났다."[72] 우리에게 공동체가 중요한 것만큼이나 주님과의 개인적인 관계도 중요하다. 그래서 영성수련은 '더불어'와 '홀로'가 잘 조화되어야 한다. 우리 모두는 신앙의 내면화와 성숙을 통해서 일상적인 삶에서 성령께서 주시는 능력과 기쁨의 열매를 누리고자 한다. 기독교 영성은 여러 학자들에 의해서 다양하게 정의되고 있다. 그러나 그 본질은 예수 그리스도의 죽음과 부활의 믿음과 성령님의 도우심으로 그리스도인이 예수 그리스도의 형상을 구체적 삶 속에서 이루어 가는 노력이라고 할 수 있다.[73]

1) 영성수련의 시작: 내면 성찰

바울은 계명과 율법이 우리의 내면세계에 미치는 영향에 대해서 예리하게 관찰하면서, 내면의 변화가 따르지 않는 신앙 생활의 유해성을

---

72 G. D. 피, 길성남 역, 『바울, 성령, 그리고 하나님의 백성』(좋은씨앗, 2007), 201

73 기독교 영성은 학자에 따라서 다양하게 정의되고 있다.
B. C. 핸슨(Hanson), "삶을 통한 기독교 신앙의 체험"
W. 프린시피(Principe), "구현된 신앙"
S. M. 슈나이더스(Schneiders), "삼위일체론적이며 기독론적이고 교회론적인 종교적 체험"
F. J. 퍼킨스(Perkins), "세속성과 관능성과 대조되는 개념으로서의 영적 심성의 특질 혹은 질"
J. 맥쿼리(Macquarie), "영성이란 어떤 인간이 진정한 인간이 되기 위해 인간만이 부여받은 영적인 것을 개발하여 영적인 존재가 되는 것"

지적한다. 마음의 변화를 유발시킬 수 없는 율법의 문자적 고수는 사람을 죽이는 것이다. 율법은 생존을 위한 안내자요 도우미가 될 수도 있으나, 그 처벌의 위협으로 인하여 기피와 혐오의 대상이 될 수도 있다. 인간은 욕구가 생길 때 그것을 충족시키고 싶어하는 것이 본능인데 그것을 방해하는 율법을 싫어하기 마련이다. 그러나 그 욕구 충족이 잘못된 것임을 알게 될 때 율법의 가치를 알게 된다. 우리가 율법의 거룩함을 알 수 있게 되는 것은 성령의 사역 때문이다.

성령이 임하시면 성령은 인간의 깊은 내면 세계를 알게 하신다. 바울은 성령의 도우심을 받아 인간 영의 세계를 누구보다도 깊이 통찰하고 있다: "오직 하나님이 성령으로 이것을 우리에게 보이셨으니 성령은 모든 것 곧 하나님의 깊은 것까지도 통달하시느니라 사람의 일을 사람의 속에 있는 영외에 누가 알리요 이와 같이 하나님의 일도 하나님의 영외에는 아무도 알지 못하느니라"(고전 2:10-11). 성령을 받은 바울은 고린도전서 4:1-5, 14:23-25, 로마서 2:15-16과 같은 구절들에서 인간의 깊고 오묘한 내면 세계의 비밀에 대하여 말하고 있다.[74]

사람이 마땅히 우리를 그리스도의 일꾼이요 하나님의 비밀을

---

74 바울의 인간학적 용어들은 마음(kardia), 몸(soma), 혼(psyche), 육(sarks), 영(pneuma)들로 구성되어 있다. 마음은 사람의 중심이며 이지적 활동이 이루어지는 곳이다. 몸은 신체의 의미로 쓰이기도 하고 총체적 인간을 의미하기도 한다. 바울은 혼의 사용을 기피했는데 이것은 플라톤의 영혼과 혼돈을 피하기 위해서이다. 바울에게 혼은 헬라식 개념과 같이 불멸한 것이 아니다. 혼은 정서적인 움직임과 심리학적 삶의 중심이다. 육은 헬라 저자들 가운데서도 부정적인 의미로 사용되었다. 성경 저자들 중 바울만이 이러한 의미로 육을 사용했다. 영은 긍정적 의미로 사용되는데, 문제는 인간의 영과 성령간의 구분이 명확하지 못한 점이다. 영은 항시 하나님의 소유이며 결코 개개인에게 소유로 주어지는 것은 아니나 자신의 의지가 아니라 하나님의 의지에 따라 사는 사람의 가장 깊은 자아이다.

맡은 자로 여길지어다 그리고 맡은 자들에게 구할 것은 충성이니 라 너희에게나 다른 사람에게나 판단 받는 것이 내게는 매우 작은 일이라 나도 나를 판단치 아니하노니 내가 자책할 아무 것도 깨닫지 못하나 그러나 이를 인하여 의롭다함을 얻지 못하노라 다만 나를 판단하실 이는 주시니라 그러므로 때가 이르기 전 곧 주께서 오시기까지 아무 것도 판단치 말라 그가 어두움에 감추인 것들을 드러내고 마음의 뜻을 나타내시리니 그 때에 각 사람에게 하나님께로부터 칭찬이 있으리라 (고전 4:1-5)

그러므로 온 교회가 함께 모여 다 방언으로 말하면 무식한 자들이나 믿지 아니하는 자들이 들어와서 너희를 미쳤다 하지 아니하겠느냐 그러나 다 예언을 하면 믿지 아니하는 자들이나 무식한 자들이 들어와서 모든 사람에게 책망을 들으며 모든 사람에게 판단을 받고 그 마음의 숨은 일이 드러나게 되므로 엎드리어 하나님께 경배하며 하나님이 참으로 너희 가운데 계시다 전파하리라 (고전 14:23-25)

(이런 일들은 그 양심이 증거가 되어 그 생각들이 서로 혹은 송사하며 혹은 변명하여 그 마음에 새긴 율법의 행위를 나타내느니라) 곧 내 복음에 이른 바와 같이 하나님이 예수 그리스도로 말미암아 사람들의 은밀한 것을 심판하시는 그날이라 (롬 2:15-16)

이 구절들에는 인간이 쉽게 알거나 의식할 수 없는 것에 대한 용어나 구절들이 자주 나타난다: 하나님의 비밀, 어두움에 감추인 것들, 마음의 숨은 일, 은밀한 것 등. 바울은 하나님의 전지성과 인간의 유한성, 그리고 하나님의 거룩성과 인간의 죄성을 예리하게 대조시키고 있다. 인간의 유한성은 다음과 같은 구절들에서 드러난다: “지금은 거울로 보는 것같이 희미하나”(고전 13:12); “우리가 부분적으로 알고 부분적을 예언하니”(고전 13:9). 바울 영성은 인간의 자기 이해의 한계성을 철저하게 깨닫고 그 유한한 능력을 의지하고 교만한 내면적 죄의 회개가 우선되어야 함을 전제로 하고 있다.[75] 이것은 성령의 임재가 없이는 불가능하다. 성령의 조명으로 우리 마음 속에 감추인 죄의 동기와 충동을 깊이 깨닫는 것이 영성의 첫 걸음이다. 바울은 영성수련에 관해서 이렇게 권면한다: 하나님은 “우리 마음을 감찰하시는” 분이기 때문에(살전 2:4) “너희는 믿음 안에 있는가 너희 자신을 시험하고 너희 자신을 확증하라....”(고후 13:5). 바울은 가이샤랴와 로마와 같은 곳에서 오랫동안 옥중 생활을 하면서 이런 기회를 많이 가졌으리라 본다. 루터는 묵상, 기도와 시련을 영성수련의 3대 요소로 보았다. 우리는 바울이 시련을 어떻게 이해하고 극복했는지, 그의 약함과 환난의 영성을 통해서 살펴본다.

---

75 심상법은 그의 『바울의 영성』(생명의 말씀사, 2012)에서 바울영성을 이렇게 소개하고 있다: “ ... 바울의 영성(Pauline spirituality), 곧 성경적인 영성은 성숙한 영성('장성한 자'로서의 영성)으로서 십자가 중심의 영성, 성령 충만한 신령한 영성이라고 부르는데 이것을 필자는 이 책에서 떨림, 울림, 어울림의 영성으로 표현한다. 여기서 '떨림의 영성'이란 십자가의 복음과 정신으로 살아가는 십자가 중심의 영성(고전2:1-3, 특히 '내가 너희 가운데 거할 때에 약하며 두려워하며 심히 떨었노라"〈3절〉; 빌2:12 참조)을 말하며, '울림의 영성'이란 떨림(십자가)의 영성이 삶에 울림(윤리적 모습)으로 나타나는 영성으로서 이것은 사도 바울이 서신에서 강조하는 거룩함과 섬김과 절제와 희생으로 표현한 윤리적인 영성을 의미하며, '어울림의 영성'이란 '몸'으로 표현된 공동체적인 영성을 의미하는 것으로 (덕)세움과 질서와 화평으로 나타난 영성(특히 11-14장)을 말한다(22-23쪽).

2) 약함의 영성

바울은 이 땅에 있는 우리 몸을 장막 곧 텐트에 비유했다(고후 5:1). 날씨가 좋으면 텐트 생활은 낭만적일 수 있다. 그러나 춥거나 덥고, 비 오고 바람 불면 텐트 생활은 힘들다. 세월이 흐르면 텐트는 낡아지고 약해진다. 바울은 나이가 많이 들어서도 감옥 생활을 했다. 빌레몬서 9절을 보면 바울이 빌레몬에게 보내는 편지에서 "나이가 많은 나 바울은 지금도 예수 그리스도를 위하여 갇힌 자 되어"라고 쓰고 있다. 나이가 많은 바울은 섬김을 받아야 될 그 나이에 감옥에 갇힌 자가 됐다. 나이가 많아서 감옥 생활을 하는 바울을 상상해 본다. 바울이 옥에서 기록한 서신이 네 개가 있다: 에베소서, 빌립보서, 골로새서, 빌레몬서. 그래서 이 서신들을 옥중 서신이라 부른다. 바울은 자유로운 몸이 아니라 옥에 갇혀서 부자유하고 고통스러운 상황에서 이 서신들을 기록했다.

바울 시대의 감옥 생활은 우리가 상상하기 어려울 만큼 고통스러운 곳이었다. 그러니 병에 걸려서 죽을 수도 있는 아주 비참한 곳이 감옥이다. 바울은 이렇게 기록하고 있다: "... 옥에 갇히기도 더 많이 하고 매도 수없이 맞고 여러 번 죽을 뻔 하였으니"(고후 11:23). 바울은 여러 곳에서 감옥에 들어갔다: 빌립보, 에베소, 가이사랴, 로마. 그래서 학자들 사이에 4개 서신이 어느 감옥에서 기록된 것인지 의견 일치가 없다. 보통 가이사랴 감옥 아니면 로마 감옥이라고 본다. 그런 선교 상황이니 몸이 성할 리가 없었을 것이다. 바울이 감옥의 어려운 환경에다가 몸에 병을 가지고 있었다. 바울은 그것을 육체의 약함이라고 표현했다. 이 육체의 약함은 단순히 몸이 약한 정도가 아니라 병이 있는 것을 뜻한다. 바울이 가지고 있는 육체적인 약함을 고린도후서 12장 7절에서 "육체에 가시 곧 사탄의 사자"라고 표현했다. 그에게 그것이 얼마나 고통스러웠으면 "사탄의 사자"라고 표현했을까? 그는 세 번이나 주님께 그것을 없애달라고 간구했다. 그때 주님께서 그에게 주신 답이 바로 이것이다: "내 은혜가 네게 족하다 이는 내 능력이 약한 데서 온전해짐이라"(고후 12:9). 갈라디아 교인들한테 갔을 때도 그는 육체에 있는 약함 때문에 복음을 전했다고 한다(갈 4:13). 그는 복음을 전하고 그것을 사람들이 받아 들이는 기쁨이 없었으면 그 병을 극복할 수 없었던 것 같다. 그의 약함이 갈라디아 사람들이 보기에도 너무 심각해서 바울은 그들이 잘못했다간 시험 당했을 수도 있었겠다라는 말을 하기도 했다(갈 4:13-14). 복음 전도자가 어떻게 저런 몸을 가지고 사역을 하는가? 학자들간에 정확하게 그 병명이 뭔지 의견의 일치가 없다. 간질, 혹은 안질, 혹은 등창일 거라고 하나, 저자의 생각에는, 그의 병이 하나만은 아니었던 것 같다. 독한 매와 태장을 맞고 제대로 간호를 못 받고 약도 못 먹는 상태에서 계속 선교를 다니다 보니까, 곪기도 하고 병이 악화되어서 그는 끊임없이 고통을 당했을 것이다.

바울이 가지고 있는 병이나 가시의 정체에 대해서 정확히 알 수 없지만, 그것들로부터 바울이 이끌어내는 신학적 의미는 중요하다. 바울은 자신이 겪는 병, 가시, 반대와 고통으로부터 약함의 신학을 발전시켰다. 그는 자신의 약함을 자랑하는 것을 배웠다. 그래서 그리스도의 능력이 그 안에 머물게 하려 했다: "내게 이르시기를 내 은혜가 네게 족하도다 이는 내 능력이 약한 데서 온전하여 짐이라 하신지라 이러므로 도리어 크게 기뻐함으로 나의 여러 약한 것들에 대하여 자랑하리니 이는 그리스도의 능력으로 내게 머물게 하려 함이라"(고후 12:9). 그는 약할 때 강해진다는 것을 알고 이 신념으로 부딪히는 난관들을 극복하는 것을 배웠다(고후 12:10). 이것은 성령께서 그 안에 역사하신다는 증거이기도 하다. 로마서 8:26에서 바울은 말한다: "이와 같이 성령도 우리의 연약함을 도우시나니 우리가 마땅히 빌 바를 알지 못하나 오직 성령이 말할 수 없는 탄식으로 우리를 위하여 친히 간구하시느니라".

그가 이제 나이가 들어 편안하게 있어야 되는데 오히려 감옥에 갇힌 신세가 되었다. 그런데 놀라운 것은 바울이 감옥 속에서 전도를 해서 한 생명을 구원한 것이다. 그가 오네시모였다. 오네시모는 도망친 노예였다. 바울은 그를 감옥에서 낳은 아들이라고 했다. 그는 이 오네시모를 위해서 주인인 빌레몬에게 간청했다. 그의 도망친 죄를 용서하고 그를 이제 더 이상 종으로 삼지 말고 형제같이 대해달라는 것이다. 참으로 어려운 부탁이었을 것이다. 그럼에도 불구하고 빌레몬은 바울의 간청을 받아 들였다. 교회의 전승에 의하면, 오네시모는 후에 교회의 감독이 되었고, 각처에 흩어져 있었던 바울의 편지들을 수집했다고 한다.

바울의 약함을 보면서 우리들이 삶 속에서 경험해야 하는 연약함을 어떻게 이해하고 극복해야 하는가를 깊이 생각하게 된다. 바울이 처음에는 제거되어야 할 것으로 생각했는데, 주님의 응답을 듣고 난 후에 약함을 새로운 눈으로 보게 됐다.

> 그러므로 내가 그리스도를 위하여 약한 것들과 능욕과 궁핍과 박해와 곤고를 기뻐하노니 이는 내가 약한 그 때에 강함이라(고후 12:10).

우리가 약할 때 어떻게 강할 수 있는가? 바울은 그리스도의 응답을 듣고 난 후에, 자신의 고통을 종전에 바라보던 관점과는 전혀 다른 관점에서 보게 됐다. 이것이 바울이 체험한 영성의 비결이다.

사도행전을 보면 바울은 능력을 많이 행했다.

> 루스드라에 발을 쓰지 못하는 한 사람이 앉아 있는데 나면서 걷지 못하게 되어 걸어 본 적이 없는 자라 바울이 말하는 것을 듣거늘 바울이 주목하여 구원받을 만한 믿음이 그에게 있는 것을 보고 큰 소리로 이르되 네 발로 바로 일어서라 하니 그 사람이 일어나 걷는지라(14:8-10)

> 우리가 기도하는 곳에 가다가 점치는 귀신 들린 여종 하나를 만나니 점으로 그 주인들에게 큰 이익을 주는 자라 그가 바울과 우리를 따라와 소리 질러 이르되 이 사람들은 지극히 높은 하나님의 종으로서 구원의 길을 너희에게 전하는 자라 하며 이같이 여러 날을 하는 지라 바울이 심히 괴로워하여 돌이켜 그 귀신에게 이르되 예수 그리스도의 이름으로 내가 네게 명하노니 그에게서 나오라 하니 귀신이 즉시 나오니라(16:16-18)

> 하나님이 바울의 손으로 놀라운 능력을 행하게 하시니 심지어 사람들이 바울의 몸에서 손수건이나 앞치마를 가져다가 병든 사람에게 얹으면 그 병이 떠나고 마귀도 나가더라(19:11-12)

때로는 그가 독사에게 물렸는데 죽지 않은 이적도 경험했었고(행

28:1-6), 복음의 진리를 대적하는 마술사 엘루마를 얼마 동안 소경으로 만드는 이적을 행하기도 했다(행 13:6-12). 그러나 그는 주님의 진정한 능력은 약함 가운데서 머물게 됨을 깨닫게 되었다. 그래서 그는 약할 그때가 곧 강할 때라고 고백했다. 약한 것이 새로운 변화를 일으킬 수 있다. 바울이 자신에게 있는 약함과 컴플렉스를 그리스도에게서 받은 계시를 통해서 새롭게 이해했다. 그래서 그는 그의 약한 것들을 자랑할 수 있었다: "누가 약하면 내가 약하지 아니하며 누가 실족하게 되면 내가 애타지 아니하더냐 내가 부득불 자랑할진대 내가 약한 것을 자랑하리라"(고후 11:29-30).

하나님께서는 우리 인간의 눈으로 보면 기이한 일을 행하신다. 하나님은 이 세상에서 미련한 자를 택해 지혜로운 자를 부끄럽게 하고, 약한 자를 택해 강한 자를 부끄럽게 한다(고전 1:27). 바울은 약함의 능력을 개인적 삶에서 체험할 뿐 아니라 하나님의 구원 역사에 있어서도 그것이 나타남을 깨달았다. 십자가는 인간적으로 보면 약함의 상징이 될 수 있다. 예수께서는 약하기 때문에 십자가에 달리고 고통을 감수하셨다. 그러나 십자가는 거기서 끝나는 것이 아니라 부활의 역사를 이루었다. 바울은 자신이 겪는 약함은 자신의 능력을 온전하게 해주는 하나님의 섭리라는 것을 깨닫게 되었다. 그래서 그는 이 세상에서 천하고 미련한 것에 대한 자신의 관점을 크게 바꾸었다. 바울의 이런 깨달음은 어떤 어려운 상황에서도 하나님의 능력으로 대처할 수 있는 비결이 되었다,

바울에게 있어서 약한 것은 고통스럽고 수치스러운 것이 아니라 하나님의 구원을 이루어나가는 수단이 된다. 바울이 약한 것을 기뻐하고 자랑할 수 있었던 비결은 약함을 새로운 관점으로 보게 하는 계시를

받았기 때문이다. 이런 관점에서 보면 하나님이 약하고 어리석은 것 같아도 인간의 지혜스러운 것보다 더 지혜스럽다: "하나님의 어리석음이 사람보다 지혜롭고 하나님의 약하심이 사람보다 강하니라"(고전 1:25).

누에고치에서 나오는 나방이 이야기가 있다. 애벌레가 고치를 만들어 그 속에서 얼마간 산다. 그러다 그 고치에서 구멍을 뚫어서 나방이가 되어서 날라간다. 그 나방이가 나올 때 구멍을 조그맣게 뚫어서 발버둥을 치면서 나온다. 어떤 곤충학자가 그것을 보고 혼자 속으로 '하나님이 이것은 영 잘못 만들었다'는 생각을 했다. 구멍을 크게 하면 나오기가 수월할 텐데.... 그래서 그 곤충학자는 다른 고치의 구멍을 크게 만들어 나방이가 나오기 쉽게 했다. 그 나방이는 쉽게 고치에서 나왔는데, 이것이 왠 일일까? 그 나방이는 날지를 못했다.

하나님의 어리석음이 인간의 지혜스러움보다 더 지혜스럽다. 약함이나 강함이라는 인간의 판단은 예수 안에서 변화가 일어날 수 있다. 기독교의 역사는 약한 사람들을 통해서 일어났다. 처음에 기독교가 전파되었던 계층은 그 사회의 약자들이었다. 멸시, 천시 받던 그들에게 복음이 먼저 들어갔고, 그들이 점차 그 사회를 변화시켰다. 로마서 16장을 보면 로마 교회에는 재무관도 있고 황제 친족도 있고 귀족 계급도 있었다. 그런데 그들에게 복음을 전한 사람들이 그들의 수행원이나 몸종들이었다. 우리나라에서도 복음이 처음 들어왔을 때 그것을 받아들인 사람들은 대부분이 사회적 약자들이었다. 이 약한 사람들이 수많은 희생을 당하면서도 우리 사회를 변화시켰다. 우리의 약함이 우리를 온전하게 한다. 우리의 삶 속에서 약하고 힘들고 수치스러운 것이 오히려 우리를 겸손하게 하고 하나님께 더 가까이 나가게 한다. 역으로 말하면, 우리가 자랑하고 싶은 그 부분이 우리를 더 고통스럽게 하고 실패

하게 할 수 있는 요소라는 것을 깨닫게 된다.

바울은 인간의 약함이 하나님의 놀라운 능력과 깊이 만날 수 있는 장소임을 깨달았다. 약함에 대한 이런 경험이 우리로 하여금 그리스도의 고통과 그의 부활에 나타난 능력을 체험할 수 있게 해준다: "그리스도께서 약하심으로 십자가에 못 박히셨으나 오직 하나님의 능력으로 살으셨으니 우리도 저의 안에서 약하나 너희를 향하여 하나님의 능력으로 저와 함께 살리라"(고후 13:4). 그는 그의 삶에서 경험한 약한 것들로부터 하나님의 은혜와 능력을 더 배웠고, 그가 섬기는 그리스도를 더 깊이 사랑하게 되었다.

바울은 강력하고 섬세하고 열성적이었지만, 그리스도인으로서의 그의 탁월성은 그의 열정에 있는 것이 아니라 그의 사랑에 있다. J. R. 벡(Beck)은 바울의 사랑에 대한 열정을 잘 묘사했다. 바울의 회심은 율법에 대한 열심에서 인간에 대한 사랑으로, 보이지 않는 하나님에 대한 사랑에서 보이는 사람에 대한 사랑으로 변화하고 있다. 다소 놀랄 일이지만, 바울에게는 사랑이 믿음을 능가한다: "내가 예언하는 능이 있어 모든 비밀과 모든 지식을 알고 또 산을 옮길만한 모든 믿음이 있을지라도 사랑이 없으면 내가 아무 것도 아니요; 그런즉 믿음, 소망, 사랑, 이 세 가지는 항상 있을 것인데 그 중에 제일은 사랑이라"(고전 13:2, 13).[76] 벡은 특히 고통과 죽음을 성숙하게 맞이한 바울의 모습을 심리학적으로 잘 설명하고 있다. 바울은 자신의 고통을 예수께서 견디신 고통의 일부라 생각했다. 예수께서 결단력과 용기를 가지고 자신

---

76 J. R. Beck, *The Psychology of Paul*, 144.

의 죽음을 이기신 것과 같이 바울도 자신의 죽음을 그렇게 맞았다. 그 자신의 죽음 앞에서 담대하고 확신있는 모습은 어떤 부인(denial), 회피, 비난, 우울 혹은 후회의 흔적도 보이지 않았다. 어떤 숙명론이나 포기의 모습도 아니었다. 그는 담대하고 강한 모습이었다. 그는 먼저 심리학적으로 죽음을 준비하고 영적으로 그것을 맞은 것이 아니었다. 그 두 과정은 상호 연관되어 있다. 불확실한 미래를 대비하는 그의 모습 중 이보다 더 심리학적으로 성숙하고 영적으로 발달된 모습을 찾기 어렵다. 그는 자신이 원하는 것을 이루었다.[77]

3) 환난 중의 영성

약함보다도 더 힘든 상황이 환난 상황이다. 바울은 그의 삶에서 환난을 많이 겪었다. 바울이 어떻게 이 환난의 위기를 인식하고 극복할 수 있었는지 알아보자. 바울이 자신이 당한 환난에 대해서 진술하고 있는 부분이 고린도후서 1장 4절과 8-9절이다. 먼저, 1장 4절을 살펴보자.

> 우리의 모든 환난 중에서 우리를 위로하사 우리로 하여금 하나

---

77 위의 책, 246-248.

님께 받은 위로로써 모든 환난 중에 있는 자들을 능히 위로하게 하시는 이시로다

바울은 자신이 겪는 환난을 자신과 같은 환난을 겪는 사람들을 위로하기 위한 것이라 생각했다. 그래서 그가 그 환난을 잘 견딤으로서 다른 사람들을 현실적으로 도울 수 있다고 믿었다. 우리 속담에 동병상린(同病相隣)이라는 말이 있다. 우리는 우리와 같은 고통을 당한 사람들을 통해서 위로를 받는다. 바울은 그 모든 환난 중에서 극심한 고통을 당한 하나의 환난을 기억하고 있다. 그 환난이 무엇이며 그는 그것을 어떻게 극복했을까?

형제들아 우리가 아시아에서 당한 환난을 너희가 모르기를 원하지 아니하노니 힘에 겹도록 심한 고난을 당하여 살 소망까지 끊어지고 우리는 우리 자신이 사형 선고를 받은 줄 알았으니 이는 우리로 자기를 의지하지 말고 오직 죽은 자를 다시 살리시는 하나님만 의지하게 하심이라 (고후 1:8-9)

바울은 아시아에서 당했던 환란으로 인해서 자신의 삶이 끝나는 것으로 생각했다. 아시아에서 당한 환란이 구체적으로 뭐냐에 대해서 여러 학자들이 여러 가지 이야기를 하고 있다. 그 장소는 에베소로 추정하고 있는데, 구체적으로 그 환란이 무엇인지를 알기가 어렵다. 고린도전서 15장 32절을 보면 바울은 에베소에서 맹수와 더불어 싸웠다고 기록되어 있다. 에베소에서 맹수와 더불어 싸웠다는 것이 극심한 환란과 연결이 되는 것이 아닐까 추정할 수 있다. 바울은 그 환난으로 마

치 사형 선고를 받고 모든 것이 끝나는 줄로 생각했는데, 놀라운 것은, 바울이 이 사건까지도 주님 안에서 의미를 찾았다. 바울이 당했던 사형선고와 같은 이런 환란이 바울에게는 어떤 의미가 있을까? 바울은 그 의미를 이렇게 말한다: "우리는 우리 자신이 사형 선고를 받은 줄 알았으니 이는 우리로 자기를 의지하지 말고 오직 죽은 자를 다시 살리시는 하나님만 의지하게 하심이라"(고후 1:9). 우리가 극심한 두려움을 가질 때는 죽음에 직면할 때이다. 우리가 당하는 위기가 어떤 성질의 것이든 간에 이 세상에 어떤 소망도 가질 수 없는 상황이 있다. 바울은 이것을 더 이상 자기를 의지하는 것을 포기하고 오직 주님만을 의지하도록 부르시는 사건으로 이해했다. 바울에게 오직 주님만을 의지한다는 것은 무엇일까?

회심 이전의 바울은 바리새인으로서, 로마시민권을 가진 특권층으로서의 자부심을 가지고 있었다. 회심후 그의 성격에는, 한편으로는, 수용적이며 여성적인 특성이 나타나고, 다른 한편으로는, 과격한 열정과 신랄한 공격성이 드러난다. 갈라디아 교인들에게 할례를 요구한 그의 대적자들에게 그는 과격한 말을 서슴치 않는다: "너희를 어지럽게 한 자들이 스스로 베어버리기를 원하노라"(갈 5:12). 또한 안디옥에서 베드로를 격렬하게 책망한 일(갈 2장)이나 그를 인도해준 바나바와 심하게 다툰 사건(행 15:36-41)등을 보면, 그의 과격한 성격이 그대로 잔존하고 있음을 알 수 있다.

그러나, 바울 성격의 이런 측면은 그가 그리스도를 만남으로 자기부정이라는 방식을 통해서 극복해나가는 것을 볼 수 있다. 바울은 여러 곳에서 자신의 삶의 주체가 자기 자신이 아니고 그리스도나 하나님임을 고백하고 있다: "이제는 내가 산 것이 아니요 오직 내 안에 그리스도께서 사신 것이라"(갈 2:20); "... 내가 모든 사도보다 더 많이 수고하였으나, 내가 아니요 오직 나와 함께 하신 하나님의 은혜로라"(고전 15:10).[78] 여기서 우리는 예수님의 말씀을 기억할 수 있다: "... 누구든지 나를 따라오려거든 자기를 부인하고 자기 십자가를 지고 나를 따를 것이니라"(막 8:34).

예수님의 제자 훈련 과정을 보면, 처음에는 비유나 교훈을 통해서 하나님의 나라를 가르치셨다. 그 다음에는 예수께서 제자들을 실전 훈련 시키셨다. 예수께서는 제자들을 갈릴리 호수로 데려가서 그곳에서 광풍을 만나게 하셨다. 이 사건에서 제자들이 "우리가 죽게 된 것을 돌아보지 아니 하시나이까"하고 부르짖었다. 그런데 그런 상황에서도 예수님은 주무시고 계셨다(막 4:35-39). 죽음에 직면한다는 것은 모든 것을 내려놔야 하는 상황이다. 우리의 집착이 얼마나 뿌리가 깊고 강한지는 죽음이라는 사건을 경험하기 전까지 우리는 잘 모른다. 제자들이 '우리가 죽게 되었나이다'라고 절규 했을 때 예수께서는 광풍을 제압하셨다. 제자들은 그때 예수님을 새롭게 깨닫게 되었다: "그들이 심히 두려워하여 서로 말하되 그가 누구이기에 바람과 바다도 순종하는가 하였더라"(막 4:41). 우리는 위기 체험 속에서 예수 그리스도를 새롭게 만나야만 성숙한 제자로서 살아갈 수 있다.

우리가 위기를 당하게 되면 절망 가운데서 자기 부인을 하게 되고, 하나님의 은총이 있으면, 이때 하나님을 만나는 체험을 하게 된다. 이것을 아래와 같이 도식화 할 수 있다.

---

78 D. Cox, *Jung and St. Paul: A Study of the Doctrine of Justification by Faith and Its Relation to the Conception of Individuation*(Longmans: Green and Co., 1959), 45.

위기 → 해결책 모색 → 절망 → 자기 부인 → 영적 체험(오직 하나님만 의지)

위기가 자신에 대한 절망에서 끝나지 않고 하나님을 절대적으로 신뢰 할 수 있는 기회가 될 수 있다. 살 소망이 완전히 끊어져서 자기 능력이나 자기 계획이나 모든 것들을 내려 놓는 경험을 하게 되면서, 바울은 하나님을 새롭게 영접하는 계기가 되었다. 자기 부인의 단계는 하나님에 대한 새로운 인식을 가능하게 하는 단계라고 볼 수 있다. 자기의 죽음이라는 단계에 직면하지 않고서는 우리가 하나님의 실존을 온전하게 체험하기는 어렵다.

바울은 하나님만 의지하여 삶 자체를 온전히 맡긴 경지에서 살았다: "이는 내게 사는 것이 그리스도니 죽는 것도 유익함이라"(빌 1:21). 바울이 정말 원한 것은 주님께로 가는 것이었다. 형제, 자매, 교회를 위해서는 그가 육체로 살아 남아 있는 것이 좋지만, 진실로 그가 원한 것은 그리스도께로 가는 것이었다: " 그러나 만일 육신으로 사는 이것이 내 일의 열매일진대 무엇을 택해야 할는지 나는 알지 못하니라 내가 그 둘 사이에 끼였으니 차라리 세상을 떠나서 그리스도와 함께 있는 것이 훨씬 더 좋은 일이라 그렇게 하고 싶으나 내가 육신으로 있는 것이 너희를 위하여 더 유익하리라"(빌 1:22-24). 그렇게 보면, 바울의 신앙과 영성은 이 땅에서의 삶보다 주님과 함께 하고자 한 소망과 깊이 연결되어 있다. 그래서 바울의 영성은 소망의 영성이요 기다림의 영성이다.

긴긴 신앙의 여정에는 반드시 고통과 위험이 따른다. 그러나 우리가 예수 그리스도의 고통에 참여해야만 그리스도의 부활에 참여하게 되는 놀라운 축복을 받는다. 바울은 자기 자신의 삶 속에서 수많은 고통과 위험을 당했는데, 그것이 단순히 지나간 것이 아니라 그 몸에 흔적을 남겼다. 갈라디아서 6장 17절을 보면 그는 이렇게 고백한다: "이후로는 누구든지 나를 괴롭게 하지 말라 내가 내 몸에 예수의 흔적을 지니고 있노라". 여기서 그가 말하는 "예수의 흔적"이 뭘까? 이 흔적은 헬라어로 스티그마, 곧 '인친다'는 뜻이다. 그는 그리스도를 전하면서 많은 고난을 당했다: "유대인들에게 사십에서 하나 감한 매를 다섯 번 맞았으며 세 번 태장으로 맞고 한 번 돌로 맞고 세 번 파선하고 일 주야를 깊은 바다에서 지냈으며"(고후 11:24-25). 그는 그리스도를 전하는 과정에서 받은 혹독한 신체적 고통이 그의 몸에 남긴 흔적을 그리스도께서 인치신 흔적으로 생각했다.

우리가 그리스도를 위하여 바울과 같이 큰 고통을 당한 일이 없다고 할지라도, 우리도 신앙생활하면서 손해본 것, 상처 받은 것 등이 있다. 그것이 바로 우리에게는, 작지만, 예수 그리스도의 흔적이다. 우리가 그리스도의 흔적을 기억할 때 위로를 받을 수 있다. 그리스도의 제자로서의 삶을 살다 보면, 십자가의 흔적이 우리 삶에 생긴다. 이것을 성흔, 곧 거룩한 흔적이라고 한다. 우리가 그 성흔을 기억할 때마다 흔들리는 믿음을 굳게 할 수 있다. 그래서 우리는 예수 그리스도의 흔적을 가지고 살아야 한다. 위기라는 것은 신앙의 과정에서 크게 다가오는 분도 있고 그렇지 않은 분들도 있다. 그러나 위기가 닥친다고 할지라도 그 위기는 고통과 죽음으로써 끝나는 것이 아니다. 위기는 그 너머에 있는 하나님의 능력과 비전을 체험할 수 있는 기회가 된다는 사실을, 어렵지만, 기억할 필요가 있다. 바울은 위기 체험을 많이 했지만 그것들은 그리스도와 함께 할 것이라는 기대를 더 강하게 해주었다. 그래서 바울 신앙의 궁극적인 목표는 부활해서 그리스도와 함께 있고 싶어한 것이다. 그는 오직 그것을 푯대로 삼아 선교 열정을 불태웠다: "내가 그리스도와 그 부활의 권능과 그 고난에 참여함을 알고자 하여 그의 죽으심을 본받아 어떻게 해서든지 죽은 자 가운데서 부활에 이르려 하노니"(빌 3:10-11). 바울은 주님을 정말 사랑했다. 그는 정말 사랑하는 분 옆으로 가고 싶어하는 그 마음으로 일생을 살았다고 할 수 있다. 바울은 다메섹에서 주님을 만나고 난 후 성령을 통해서 주님과 계속 교통하였다. 그래서 그는 계속해서 성령안에서 계시를 받고 환상 체험을 했다. 우리가 바울 서신을 읽어보면 주님과 만나고 싶어하는 그의 간절한 기대감이 느껴진다.

4) 영성수련의 목표: 성령의 열매

영성수련은 우리가 성령의 조명을 받아 말씀으로 우리 자신의 내면을 성찰함으로 시작한다. 이 영성수련은, 루터의 말대로, 시련 즉 약함과 환난의 과정을 거치게 되어 있다. 이 과정을 잘 이겨나가면, 결국 영성수련의 목표 즉 성령의 열매를 우리 삶에서 거두는 목표에 도달할 수 있다.

바울이 제시한 성령의 9가지 열매는 다양한 측면에서 이해되어져 왔지만, 여기서는 우리가 소망을 품고 나아가는 영성수련의 목표로서 살펴본다. 영성수련은 피교육자의 성품과 인격의 성장을 목표로 한다. 이것은 단지 훈련이나 교육만으로 이루어 질 수 없다. 이 과정에는 성령의 임재와 지도가 필수적이다.

성령의 열매는 윤리 도덕적인 면을 초월한 인격의 변화이자 성품의 내면적 변화라고 할 수 있다: "오직 성령의 열매는 사랑과 희락과 화평과 오래 참음과 자비와 양선과 충성과 온유와 절제니 이 같은 것을 금지할 법이 없느니라"(갈 5:22, 23). 이것들이 완전하거나 최종적인 것이 아니더라도 성령의 열매 목록이 구원받은 사람의 성숙한 영성을 적절하게 집약적으로 묘사한 것이라 볼 수 있다.

성숙한 영성의 목록에서 사랑(love)을 능가 할 것이 없다. 바울은 우리들에게 항상 있어야 할 것들 중에서 사랑이 제일이라고 하였다(고전 13:13). 이 사랑은 널리 알려진 사랑의 찬가에서 잘 묘사되어 있다: "사랑은 오래 참고 사랑은 온유하며 시기하지 아니하며 사랑은 자랑하지 아니하며 교만하지 아니하며 무례히 행하지 아니하며 자기의 유익을 구하지 아니하며 성내지 아니하며 악한 것을 생각하지 아니하며 불의를 기뻐하지 아니하며 진리와 함께 기뻐하고 모든 것을 참으며 모든 것을 믿으며 모든 것을 바라며 모든 것을 견디느니라"(고전 13:4-7). 이 사랑은 믿음과 소망과 불가분의 관계에 있다: "그런즉, 믿음, 소망, 사랑, 이 세가지는 항상 있을 것인데 ...."(고전 13:13).

성령의 열매로서의 사랑은 인간의 감정이나 의지적인 행위가 아니라 인간의 감정과 의지를 움직이고 빚으시는 성령의 능력이다. 우리가 사랑할 수 있는 것은 하나님께서 우리를 먼저 사랑해 주셨기 때문이다: "우리가 아직 죄인되었을 때에 그리스도께서 우리를 위하여 죽으심으로 하나님께서 우리에 대한 자기의 사랑을 확증하셨느니라"(롬 5:8). 이 하나님의 영 곧 성령께서 우리안에 계실 때 우리의 사랑은 하나님으로부터 힘을 공급 받는다.

바울은 로마서 14:17에서 "하나님의 나라는 먹는 것과 마시는 것이 아니요 오직 성령 안에서 의와 평강과 희락이라"고 말하고 있다. 성령 안에서의 희락(joy)이란 무엇일까? 이것은 이 세상의 조건이나 환경에 영향을 받지 아니하고 오직 하나님의 사랑과 말씀을 성령으로 깊히 깨달을 때 오는 만족과 기쁨이다. 예수께서는 계시를 받음으로 성령 안에서 기뻐하셨다: "그 때에 예수께서 성령으로 기뻐하시며 이르시되 천지의 주재이신 아버지여 이것을 지혜롭고 슬기 있는 자들에게는 숨기시고 어린 아이들에게는 나타내심을 감사하나이다 옳소이다 이렇게 된 것이 아버지의 뜻이니이다"(눅 10:21). 예수께서는 이 기쁨을 우리에게 주실 것을 약속하셨다: "지금은 너희가 근심하나 내가 다시 너희를 보리니 너희 마음이 기쁠 것이요 너희 기쁨을 빼앗을 자가 없으리라"(요 16:22). 바울은 빌립보서 4:4에서 "주 안에서 항상 기뻐하라, 내가 다시 말하노니 기뻐하라"고 권면하고 있다.

그런데 바울이 이 글을 쓸 당시는 감옥에 갇혀 있는 죄수의 몸이었다. 감옥 생활이 가져다주는 정신적, 육체적 괴로움 속에서 그는 감옥 밖에 있는 사람들에게 "항상 기뻐하라"라고 권면하고 있다. 어떻게 이것이 가능할까? 이것이 성령 안에서의 희락이다. 다시 말해서, 이 기쁨은 성령으로 말미암아 우리 속에 창조된 성령의 열매이다. 이 기쁨은 복음의 진리로 구원받음으로 주어지는 기쁨이다. 이 기쁨은 성령 안에서 하나님의 실재하심과 역사하심을 찬양함으로 더욱 커지고 깊어진다.

화평(peace)은 평강, 평안, 평화, 혹은 평온 등의 의미를 가지고 있다. 허다한 재난과 고통을 겪어 온 유대인들의 일상적인 기도가 샬롬(화평)이다. 바울은 그의 편지 서두 인사문에서 일상적으로 "은혜와 평강이 있기를" 기도했다. 그러나 이것은 단지 안부나 감사 기도 때에만 나타나는 단어가 아니다. 화평은 성령 안에서 누리는 하나님의 축복 중의 하나이다(롬 14:17). 참된 평강은 바로 구원의 확신에 근거하고 있다. 이 평강은 모든 불안과 염려를 제거할 수 있다. 바울은 모든 염려를 주께 맡기고 감사함으로 기도하고 간구하면 "모든 지각에 뛰어난 하나님의 평강이 그리스도 예수 안에서 우리의 생각과 마음을 지키시리라"라고 말했다(빌 4:6-7). 여기서 "모든 지각에 뛰어난"은 '우리의 이해를 뛰어 넘는', 혹은 '우리가 전혀 이해할 수 없는'이라는 의미이다. 예수님의 다음 말씀은 이런 맥락에서 이해할 수 있다: "평안을 너희에게 끼치노니 곧 나의 평안을 너희에게 주노라 내가 너희에게 주는 것은 세상이 주는 것과 같지 아니하니라 너희는 마음에 근심하지도 말고 두려워하지도 말라"(요 14:27).

이 평강은 두려움이나 염려가 없어질 때 찾아온다. 성령의 사람은 " ... 다시 무서워하는 종의 영을 받지 아니하고 양자의 영을 받았으므로 우리가 아빠 아버지라고 부르짖느니라"(롬 8:15). 깊은 내적 평온함을 가진 자는 인간 관계에서 여유로움을 가지고 싸움이나 방어적 행동에 더 이상 속할 필요가 없다. 이 화평은 갈등과 고통 가운데서도 성령 안에서 하나님과의 관계가 유지될 때 가능하다. 그러므로 성숙한 영성을 가진 사람은 자신과 이웃과 더불어 화평한 관계에 있다.

오래 참음(longsuffering)은 인내와 끈기를 가지고 자신을 비우는 하나의 큰 미덕이다. 오래 참음은 바울의 사랑에 관한 정의에서 제일 먼저 나타나는 개념이다(고전 13:4). 참된 사랑은 오래 참고 인내하지 못하면 이루어 낼 수 없는 것이다. 오래 참음은 다른 사람들의 적개심이나 노여움(그것이 아무리 미묘하게 표현된다 할지라도)을 덮어주는 모습으로 나타나야 한다. 오래 참음도 성령께서 우리 속에 계심으로 인내할 수 있는 힘을 주시기 때문에 가능하다. 바울은 육체의 소욕대로 행하기 원하는 우리를 성령께서 참게 하신다고 말한다: "내가 이르노니 너희는 성령을 따라 행하라 그리하면 육체의 욕심을 이루지 아니하리라"(갈 5:16). 바울은 게으르거나 마음이 약한 자들과 힘이 없는 자들 뿐만 아니라 "모든 사람에게 오래 참으라"(살전 5:14)고 권면한다.

자비(gentleness)는 원어로 'xrestote'로서 새 번역, 공동 번역, 그리고 현대인의 성경에서는 '친절'로 번역하고 있다. 이 용어는 바울이 자주 사용하는 용어이며(롬 2:4, 12:1; 고전 7:25; 고후 1:3, 6:6 등), 구약성경에서도 자주 나타난다. 로마서 2:4에서 바울은 회개하도록 이끄시는 것은 하나님의 자비라고 말한다. 자비는 강하면서도 따스하고 사랑에 넘치는 인격을 가리킨다. 즉 자비는 종종 하나님의 인자하심을 의미하며, 이것은 하나님의 엄격하시고 위엄 있는 성품과 대조를 이룬다(롬 11:22). 이 덕목은 성령께서 우리 속에 있는 모든 분노와 원망과 증오를 잠재울 때 찾아오는 것이다.

양선(goodness)은 바울 서신 전체에서 오직 이곳에서만 나타난다. 비슷한 의미로 쓰인 '양선'이란 용어는 야고보서 3:17에 나타난다. 원어 agathosune는 '좋음, 유익함'의 뜻으로, '선함'(새번역), '선행'(공동번역), '선'(현대인의 성경)으로 번역되어 있다. 이것은 순수하게 다른 이들의 필요를 살피고 돌보아 줌으로 다른 사람을 유익하게 하는 우리의 모든 행동방식을 뜻한다. 우리는 자기 중심적이기 때문에 온전히 다른 사람의 유익을 위해서 하는 행위는 성숙한 영성을 가진 사람의 특성이다. 양선은 우리 마음속의 자비가 행위로서, 삶으로서 표현된 것이다. 그렇게 될 때 양선은 어려운 가운데서도 지속적으로 변함없이 행해

질 수 있다.

충성(faith)은 문맥상 '신실하심(faithfulness)'을 의미하는데, 성령의 열매로서의 충성은 인간적인 노력, 결단, 또는 의지로 되는 것이 아니다. 이 충성은 성자 예수께서 성부 하나님께 죽도록 순종하는 모습에서 뚜렷이 나타난다. 성령께서 우리가 하나님의 자녀임을 증언하는데(롬 8:16), 하나님의 자녀인 우리가 하나님께 가져야 할 성품이 충성이다. 이 하나님과의 관계를 근거로 해서 다른 사람에 대하여 변함없는 태도를 가지는 것 또한 충성이다. 이 덕목은 변덕스러움과 불성실함과 비교된다. 이것은 자신의 약속을 언제나 지키고, 자기의 일을 완수하는 사람들을 다른 사람들이 신뢰하는 것이다. 바울은 그리스도의 일꾼은 이 성품을 가져야 한다고 말한다: "사람이 마땅히 우리를 그리스도의 일꾼이요 하나님의 비밀을 맡은 자로 여길지어다 그리고 맡은 자에게 구할 것은 충성이니라"(고전 4:1-2).

온유함(meekness)은 성령 충만한 예수님의 성품을 잘 묘사하는 덕목이다: "나는 마음이 온유하고 겸손하니 나의 멍에를 메고 내게 배우라 그리하면 너희 마음이 쉼을 얻으리라"(마 11:29). 바울은 성령 안에서 행하는 주의 종이 가져야 할 성품으로 "모든 사람을 대하여 온유함"을 말하고 있다(딤후 2:24). 이러한 태도는 교회에서 거역하는 자에 대해서도 변함없이 유지되어야 한다: "거역하는 자를 온유함으로 징계할찌니, 혹 하나님이 저희에게 회개함을 주사 진리를 알게 하실까 하여"(딤후 2:25). 이와 유사한 교훈이 갈라디아서 6장 1절의 한 문장 안에서 나타난다: "형제들아 사람이 만일 무슨 범죄한 일이 드러나거든 신령한 너희는 온유한 심령으로 그러한 자를 바로 잡고". 온유한 사람은 진정으로 다른 사람들과 조화를 이루며 살 수 있다.

절제(temperance)는 지혜와 성령의 도우심으로 가능하다. 바울은 고린도전서 7장 9절에서 성적 절제를 할 수 없는 사람은 결혼하라고 권면한다. 그는 승리하고자 하는 자는 모든 일에 절제가 필수임을 강조한다: "이기기를 다투는 자마다 모든 일에 절제하나니 그들은 썩을 승리자의 관을 얻고자 하되 우리는 썩지 아니 할 것을 얻고자 하노라"(고전 9:25). 그는 자신의 예를 들어 절제하지 못할 때 두려운 일이 일어날 수 있음을 경고한다: "내가 내 몸을 쳐 복종하게 함은 내가 남에게 전파한 후에 자신이 도리어 버림을 당할까 두려워함이로다"(고전 9:27). 그래서 그는 교회 지도자로서의 요건들 중에 이 덕목을 포함시키고 있다(딤전 3:2, 딛 1:8). 절제는 성령 안에서 끊임없는 내적 수련을 거쳐서 형성되는 성품이다. 이 수련에는 성령님의 도우심이 필수적이다: "육체의 소욕은 성령을 거스리고 성령은 육체를 거스리나니 이 둘이 서로 대적함으로 너희가 원하는 것을 하지 못하게 하려 함이라"(갈 5:17).

제6장

영성지도의 원리와 지침

1) 성령은사의 지도 원리와 지침

2) 환상과 계시의 분별 원리

3) 종말(회복)의 영성

제6장

영성지도의 원리와 지침

바울의 영성지도 원리는 다양한 측면에서 연구될 수 있으나, 여기서는 주로 성령은사와 환상 등의 신비체험 및 종말 영성의 지도 원리를 중심해서 알아본다.

1) 성령은사의 지도 원리와 지침

A. 예언과 방언

초대 교회는 예수 그리스도를 믿고 성령을 받음으로 형성되었다. 성령께서는 각 사람에게 다양한 은사들을 주셨다. 그래서 초대 교회에서는 이 은사들을 어떻게 이해하고 활용해야 되는지에 대해 일정한 지도 원리가 필요하게 되었다. 바울은 성령께서 주시는 은사들의 활용에 대해 일정한 지도 원리와 지침을 제시하고 있다. 바울은 이 지도 원리를 다른 어느 서신들보다 고린도 교회에 보낸 서신들에서 잘 설명하고 있다.

바울은 여러 은사들 중에서 특히 문제가 되는 예언과 방언에 대해서 고린도전서 14장에서 자세하게 다루고 있다. 바울은 여기에서 예언과 방언의 지도 원리를 밝히고 있다. 방언과 예언의 관계에 대해서 바울의 메시지는 분명하다: 예언은 통역 없는 방언보다 우월하다. 그러나 그의 이 분명한 메시지에도 몇 가지 고려해야 될 사항들이 있다.

무엇보다도, 예언이 방언보다 우월한 것은 사실이지만, 통역되는 방언은 교회 모임에서 허용된다는 것이다. 사적으로 방언이 허용되는 것은 말할 필요가 없는 것은 바울 자신이 누구보다도 많이 방언을 하였기 때문이다(고전 14:18). 이것은 바울이 방언을 영적인 은사로서의 가치와 의미를 지니고 있음을 인정한 것이다.

그러나, 바울이 방언의 본성과 사용에 대해서 다소 부정적인 어투로 상세하게 기술하고 있는 이유는 고린도 교인들이 이 은사를 잘못 이해하고, 그릇된 동기로 이것을 추구하고 있었기 때문이다. 고린도전서 14:23을 보면 고린도 교인들은 방언을 할 때 황홀 상태에 있었던 것으로 보인다. 이런 상황은 예배가 마치 광란 상태에 있는 것처럼 보이게 한다. 열광적인 고린도 교인들의 모습은 황홀경에 사로잡힌 신비집단을 연상케 한다. 그렇게 되면 외부인들이 볼때 이 모임은 마치 정신 나간 사람들의 모임처럼 보이게 될 것이다(14:23). 바울은 아마 여기서 헬라시대의 바카스 종교에서 행했던 광란적 예배를 연상했을 것 같다. 이러한 종교 의식은 당시 그리스 사람들에게 신이 임한 증거로 이해되었다.

그러나, 고린도 교인들이 방언을 선호하는 이유들은 생각보다도 훨씬 복합적이다. C. K. 배럿은 고린도 교인들이 예언보다 방언을 선호한 이유들은 그들의 죄와 허물이 예언으로 말미암아 노출되는 것을 원하지 않았고, 또 예언은 그들에게 책임과 의무를 지워주기 때문이라고 보았다.[79] 감추어진 것들을 드러내는 능력은 사람의 마음을 아시는 하나님의 선물이다(롬 8:27; 살전 2:4). 그러나 이와 유사한 능력을 가진 사람들이 헬라시대에도 있었다. 그들은 사람들의 숨은 생각과 행동들을 알아 맞추었다.

고린도 교인들도 분명히 은사들에 대해서 자기들 나름대로의 평가기준을 가지고 있었다. 그들의 기준은 그 은사들이 얼마나 영적이며 신비적인가 하는 데 있었다. 만약 이 기준으로 본다면 분명히 방언이 예언보다 더 우월하다. 이런 기준은 그 당시 초대 교회와 헬라세계에 만연해 있었다. 사도행전 10:46과 19:6에 근거해 보면 방언하는 자들은 성령을 받은 자들도 간주되었다. 고린도의 열성 교인들은 방언이 하나님 임재의 합법적인 증표로 보았을 것이다. 그러나 바울이 14:22에서 방언은 신자들에게가 아니고 불신자들에게 표적(sign)이 된다고 한 것은 고린도 교인들의 잘못된 신념을 교정하기 위한 것이다. 그 당시 헬라 세계에서는 황홀경에 있는 상태가 정상적인 의식 상태보다 더 우월한 것으로 여겨졌다. 델피의 고대 자료에 의하면, 플루타크는 방언을 피디안(Pythian)신의 선물로 보았다. 필로도 이 현상에 대해서 영이 사

---

79 C. K. Barrett, *The First Epistle to the Corinthians*(New York: Harper & Row, 1968), 324.

람의 마음을 사로잡아 신을 만나는 황홀경으로 이끈다고 말했다.[80]

B. 황홀 체험과 예언

황홀 체험은 주로 두 가지 주제들을 두고 연구되어져 왔다: 하나님과 인간 간의 의사 소통의 본질, 그리고 황홀 체험 중의 행위의 특성들. R. R. 윌슨은 황홀 체험을 관찰 가능한 행위들의 특징으로 정의했다. 그는 그 상태의 특징을 다음과 같이 보고하고 있다: "의식 상실, 생리학적 허탈감(극도 쇠약), 강박적인 행동, 언어 혼동, 환각이나 환청".[81] J. 린드블롬은 여러 종류의 황홀 체험을 묘사하고 있는데, 그것은 하나의 생각이나 감정에 강도 높은 집중을 하는 형태로부터 신성에 완전히 몰입되는 형태까지 다양하게 나타난다.[82] 이 경험들은 의식 수준의 여러 단계에서 일어나는데, 정신이 명료한 영감의 상태에서 의식을 상실하는 단계까지, 또는 자기 통제가 가능한 수준에서 이성적 사고력을 잃어버리는 단계까지 다양하게 발생한다. 선지자는 하나님과 백성 사이에 중재자이기 때문에 하나님의 음성을 듣고 하나님의 영으로 세상과 사람을 보는 경험이 필요하다.

성서학자들은 예언과 황홀 체험간의 관계에 대해서 오랫동안 논의해 왔다. 그 논의의 결과, 이 현상을 이해하는 데 도움이 되는 많은 지식

---

80 H. Conzelmann, *I Corinthians*(Philadelphia; Fortress Press, 1981), 234.

81 R. R. Wilson, "Prophecy and Ecstasy: A Reexamination" *JBL* 98/3(1979), 324.

82 J. Lindblom, *Prophecy in Ancient Israel*(Philadelphia: Fortress Press, 1980), 4-6.

들이 모아졌다. 전통적으로, 참된 예언자는 황홀 체험이 전혀 없는 것으로 이해되어 왔지만 진실은 그렇지 않다. 참된 예언자도 황홀 체험을 가졌다. 예언자들 중의 일부는 황홀 상태에서 메시지를 전했다. 그러나 대부분의 예언자는 황홀 체험 중에 메시지를 전하지 않으며 그 체험 후에 전한다. 일반적으로 그 체험은 과격하지 않고 자주 일어나는 것도 아니다. 사무엘 이전과 사무엘 시대에 이런 접신 형태의 황홀 체험이 있었다. 광야에서 70명의 장로들이 선택되었을 때, 하나님의 영이 그들에게 임하여 그들이, 추측하건대, 황홀 상태에서 예언하였다(민 11:24 f.). 사울 왕에게도 하나님의 영이 크게 임하여 그가 예언하고 사무엘 앞에서 벌거벗고 주야로 드러누워 있었다(삼상 19:23 f.).

S. B. 파커는 예언자라는 히브리어 어근 "nb"는 "미친 사람처럼 정신없이 말한다(rave)"의 의미를 가지는데, 이것이 후대에 예언이라는 의미로 바뀌게 되었다고 주장한다. 그는 명사형 "nbi"도 역시 실신이나 혼수상태에 빠진 사람을 의미한다고 결론짓는다.[83] R. R. 윌슨에 의하면, 초기의 예언자들은 황홀경 그 자체를 목적으로 추구하는 경향이 있는 반면, 후대의 예언자들은 그것을 메시지를 받는 수단으로 이해했다.[84] 결론적으로, 예언과 황홀 체험은 획일적으로 규정하기는 어렵다. 이 체험은 다수의 이스라엘 예언자들 중에 존재했다는 주장이 많은 성서학자들의 지지를 받고 있다. 그러나 후대로 갈수록 황홀경의 체험보다는 메시지를 선호한 것이 분명하다.

---

83 S. B. Parker, "Possession Trance & Prophecy in pre-exilic Israel" *VETUS TESTAMENTUM* 28(1979), 274 f.

84 R. R. Wilson, 앞의 책, 324.

바울은 이런 예언자 전통을 잘 대변한다. 그는 고린도전서 14:32에서 이렇게 말한다: "예언하는 자들의 영은 예언하는 자들의 제재를 받나니". 이 구절을 주석하면서 H. 콘첼만은 "영은 합리적이고 신학적인 판단에 종속된다"고 말한다.[85] 그러나 바울은 영이 개인이나 학문 세계에서의 합리적이고 신학적인 판단에 종속된다고 말한 것이 아니고, 성령을 받은 공동체 구성원들의 분별과 질서를 위해서 지도자들이 세운 규율과 지침을 따라야 한다고 말한 것이다. 왜냐하면 구약시대와는 달리 특별한 한 개인에게 성령이 임하지 않고 모든 성도들에게 성령이 임하기 때문에, 한 개인은 공동체의 다른 지체들을 항상 의식해야 하기 때문이다. 바울은 여러 가지 은사들을 이 원리에 입각해서 평가했다. 예언이 방언보다 우월하다는 바울의 평가는 이 원리에 근거해 있다. 그러나 만약 방언이 통역 될 수 있으면, 방언도 예언만큼 가치 있는 것이다. 왜냐하면 방언이 예언처럼 알아들을 수 있기 때문이다.

바울은 그의 전체 서신들을 통해서 예언은 미래를 예측하거나 잃어버린 물건들을 찾는 신비스러운 능력이 아님을 분명히 했다. 예언은 설교할 수 있는 은사이다. 그에게 있어서 설교는 사람들을 위해서 성경을 해석하고 가르치는 것을 의미했다. 그래서 설교자는 듣는 이들의 유익을 구해야 하고, 그 자신의 기쁨이나 자신의 능력에 대한 교인들의 존경을 구해서는 안 된다. 바울에게 있어서 참된 선지자는 몇 가지 사항들을 지켜야 한다. 첫째, 선지자는 무엇보다도 성경에 계시된 진리를 이해하고 가르칠 수 있는 능력을 가져야 한다. 이 능력이 방언

85 H. Conzelmann, 앞의 책, 237.

을 말하는 자보다 선지자들로 하여금 공동체에서 더 가치있는 사람으로 만든다. 바울은 고린도전서 14:19에서 이것을 분명하게 말한다: "그러나 교회에서 네가 남을 가르치기 위하여 깨달은 마음으로 다섯 마디 말을 하는 것이 일만 마디 방언으로 말하는 것보다 나으니라".

둘째, 선지자의 위치가 공동체에서 중요하기 때문에 선지자는 다른 사람들의 분별 대상이 된다. 바울은 말한다: "예언하는 자는 둘이나 셋이나 말하고 다른 이들은 분별할 것이요"(14:29). 이 권면에 대해서 몇 가지 질문들이 제기될 수 있다. 첫째, 여기서 바울이 말하는 다른 사람들이 누구인가 하는 점이다. C. K. 배럿은 그들이 공동체의 모든 사람들을 의미한다고 보는데, 왜냐하면 모든 신자들이 예언을 중요시해야 하기 때문이다(살전 5:20; 요일 4:1).[86] 그러나 H. 콘첼만은, 영들을 분별하는 것이 특별한 은사이기 때문에(고전 12:10) 여기서 말하는 다른 사람들은 이 은사를 가진 사람들이라고 본다.[87] 초대 교회와 같이 작은 공동체에서는 모든 구성원들이 이 일을 감당해야 하지만, 교회의 규모가 커지면, 분별할 수 있는 능력을 가진 지도자 그룹이 그 책임을 감당해야 할 것이다. 그리고 분별해야 할 예언의 성격이나 내용도 이 논의에서 고려되어야 할 것이다.

예언들이, 왜, 그리고, 어떻게 분별되어야 하는지에 관한 질문들도 제기된다. F. W. 그로쉐이드는 예언이 분별되어야 하는 이유로서 공동체 내에 악한 영들이 활동하고 있고(요일 4:1), 이 영들은 예배를 혼란스럽

86 C. K. Barrett, 앞의 책, 328.
87 H. Conzelmann, 앞의 책, 245.

게 하거나 방해할 수 있다고 보았다.[88] 그로쉐이드의 견해가 설득력이 있지만 다른 이유들도 고려해야 한다. 예를 들면, 예언자들은 그들의 그릇된 생각이나 혹은 개인적인 욕심으로 인해서 편파적이거나 왜곡된 메시지를 전할 수 있다. 특히 세속화된 교회에서는 이 현상이 심각하다.

다음 질문은 어떤 기준으로 예언을 분별할 수 있는가 하는 것이다. 일반적인 기준으로, 어떤 은사이든 교만이나 허영으로 사용되어져서는 안 된다. 고린도전서 14:40에서 바울이 제시한 "모든 것을 품위있게 하고 질서있게 하라"는 기준이 이와 관련이 있다. 그리고 예언은 예수 그리스도의 교훈과 사도들의 가르침의 범위 안에서 이루어져야 한다. 이 맥락에서 예언은 사도권의 지도와 제재를 받아야 한다. 후기 기독교 문헌인 디다케(11:7-11)에는 다른 기준이 제시되어 있다. 그것은 예언자의 행위나 삶이 그의 예언 분별의 기준이 된다. 그의 삶이 진실해야만 그의 예언이 참되다는 것이다.[89]

C. 은사의 활용 규칙

바울은 고린도 교인들을 위해 은사들의 활용 규칙을 밝히고 있다. 아래의 규칙들은 은사 활용의 궁극적인 목적을 이루기 위해서 제시되

---

88 F. W. Grosheide, *The First Epistle to the Corinthians*(Grand Rapids: Eerdmans, 1980), 337.

89 H. Conzelmann, 앞의 책, 각주 47.

어 있다: "... 모든 것을 덕을 세우기 위하여 하라"(14:26c).

첫째, 방언을 하되 일정한 규율이 있어야 한다. 바울은 고린도인들에게 방언보다는 예언하기를 사모하라고 권면한다. 그러나 이것은 방언을 금하는 것이 아니다. 이에 관해서 14:27에서 구체적인 지침을 주고 있다: "만일 누가 방언으로 말하거든 두 사람이나 많아야 세 사람이 차례를 따라 하고 한 사람이 통역할 것이요". 이 규칙은 그 은사를 보존하고 그 은사가 이해될 수 있게 하기 위한 것이다. 사실 어떤 은사든 공동체의 유익이 되기 위해서는 다른 사람들이 알아들을 수 있어야 한다. 바울은 이것을 피리, 거문고 그리고 나팔의 예를 들어 설명한다(14:7 f.). 바울 선교의 궁극적인 목표는 그리스도 안에서 새로운 공동체를 세우는 것이기 때문에, 영적인 은사들이 반드시 이해될 수 있어야 한다.

방언에 대한 바울의 강력한 규율의 적용은 공동체의 모임이라는 맥락에서 이해되어져야 한다. 바울에게 있어서 통역 없는 방언을 말하거나, 황홀경 속에서 예언을 하는 것이 개개인의 집에서 사적으로 행할 때 아무런 문제가 없는 것이었다. 그러나 방언이나 예언과 결부되는 황홀경의 체험이 공동체의 모임에서 이루어질 때, 바울은 그것을 결코 방관하지 않았다. 회중이 모일 때는 그런 은사들이 다른 사람들의 유익을 위해서 통제되지 않으면 안 된다. 그래서 바울이 세운 통역과 분별의 원칙은 공동체의 유익과 불가분의 관계에 있다.

둘째, 은사들을 활용할 때 일정한 질서와 균형이 있어야 한다. 바울은 그의 결론 부분에서 이렇게 말한다: "모든 것을 품위있게 하고 질서있게 하라"(14:40). 이 규율은 첫 번째 규율과 관련이 있다. 예언과 황홀 체험과의 관계에서 논했듯이, 고린도 교회에서 예언자들의 황홀 체험은 강렬하지도 않았고, 자주 일어나는 현상도 아니었다. 바울이 고린도전서 14:29-31에서 제시한 규율들은 예언이 황홀경의 상태로 빠져드는 것을 방지하기 위한 것이다. 바울은 헬라 세계에서 예언이라는 명목으로 자행되는 난잡하고 격한 황홀 체험을 알고 있었을 것이다. 콘첼만에 의하면, 바울은 황홀 체험으로 야기되는 성격 분렬, 혼란과 영혼의 타락을 경계하고 비난하였다.[90]

바울은 고린도 교회의 예언자들에게 예언을 질서 있게 하라고 권면했다. 그의 권면에 의하면, 두 사람이나 많아야 세 예언자들이 메시지를 전하고 다른 사람들은 그 메시지를 분별해야 한다. 그때 옆에 있는 사람에게 계시가 임하면 예언하고 있는 사람은 예언을 중지해야 한다. 무엇보다도, 예언자들은 다른 사람을 교화하기 위해서 한 사람씩 순서있게 예언해야 한다. 이 모든 규례들을 자세하게 설명하고 난 후 바울은 이 규례들의 근거를 이렇게 밝힌다: "예언하는 자들의 영은 예언하는 자들에게 제재를 받나니"(14:32).

사람이 영들을 통제한다는 생각은 성경적 전통에서 다소 생소한 것이다. 왜냐하면 영들의 통제자는 하나님 한 분이시기 때문이다. 그러나 바울이 여기서 말하는 것은 자기의 뜻대로 움직이는 독자적인 외부의 영들의 통제를 말하는 것이 아니고, 자신의 속에 있는 영의 통제를 말한다: "사람의 일을 사람의 속에 있는 영 외에 누가 알리요...."(고전 2:11). 비록 예언이 가치 있는 은사이긴 하지만, 두세 사람의 예언자들이 동시에 예언하게 되면, 그 결과는 통역 없는 방언과 같다. A. 로

90 Conzelmann, 위의 책, 245.

버트슨은 자기 통제가 없는 설교자는 참된 설교자가 아니며 "통제할 수 없는 종교적인 감정은 악한 결과를 빚어낸다"고 말한다.[91] 전 경연에 의하면, 참된 예언자는 계시가 그에게 임할 때 그의 성격이 분열되지 않고 책임있는 인격을 보존한다. 그래서 그는 그의 영들을 통제하는 것이 가능하다.[92]

요약하면, 바울이 볼 때 영적인 은사들은 공동체의 수용을 위해서 통역되거나 분별되어야 한다. 이런 원칙이 제시된 것은 초대 교회가 너무나 많은 영적인 은사들로 인해서 혼란을 경험했다는 것을 말해준다. 그래서 그 은사들의 사용에서 질서와 통제가 불가피하였다. 그런데, 안타깝게도, 대부분의 현대 교회는 통제와 질서를 너무 강조한 나머지 개개인의 은사들을 이해하고 사용하는 일이 위축되어 버렸다. 그래서 개개의 교인들은 자신의 은사를 너무 억압한 까닭에 자신이 어떤 은사를 가지고 있는지를 알지 못한다. 그 결과로 그들은 교회에서 소외된 자들이 되기 쉽다. 이 문제는 현대 교회의 역동성과 유기체성이 약화된 원인이기도 하다. 이 현상은 성령의 사역보다도 제도적이며 조직의 측면이 지나치게 강조되고, 교리와 전통이 자리 잡았기 때문이다. 이 문제는 성경의 진리에 따라 개혁되어야 한다.

91 A. Robertson & A. Plummer, *First Epistle of St. Paul to the Corinthians*(Edinburgh: T & T Clark, 1978), 323.

92 전 경연, 『고린도전서』(성서교재간행사, 1989), 305.

2) 환상과 계시의 분별 원리

합리적이며 현세중심적인 세계관과 인생관에 염증을 느낀 현대인들은 영성분야에 많은 관심을 보이고 있다. 이런 추세에 부응해서 다양한 영성수련이 소개되고 있다. 이 영성수련에서 신비적, 영적 체험들이 자주 나타난다. 우리는 이런 체험들을 어떻게 이해해야 할까? 영성이란 분야는 광범위하고 다양하기 때문에 그 모든 면을 간략하게 정의하기는 어렵다. 대체적으로, 영성이란 인간의 행위와 삶을 형성하는 윤리적 종교적 가치의 총체를 의미한다. 이렇게 볼 때, 그 개념은 다분히 범신론적이고 다원론적인 차원을 띄고 있다. 그래서 이 영성에 수반되는 신비체험도 범신론적이고 다원론적일 수밖에 없다. 이런 상황에서 우리는 신비체험을 어떻게 분별해야 하는가?

우리 교회는 그동안 무분별한 영적 체험과 그 분별기준의 결여로 혼란과 갈등을 겪어왔기 때문에 이 분야의 연구는 목회와 신학에서 중요하다. 선교와 목회 현장에서 이런 문제들을 만나서 복음의 진리로 해결하고자 노력했던 사람이 사도 바울이다. 우리는 여기서 바울의 신비체험에 대한 이해와 그 분별기준을 고린도후서 12:1-10을 중심으로 살펴본다.

A. 본문의 문맥과 묵시적 배경

바울은 환상과 계시를 많아 받았다. 사도행전에는 바울이 다메섹

(9:3-9), 드로아(16:9-10) 그리고 고린도(18:9-10) 등에서 환상을 받았다고 기록되어 있다. 그가 받은 환상과 계시는 다른 어느 곳에서보다 고린도후서 12:1-10에 비교적 상세하게 기록되어 있다.

> 무익하나마 내가 부득불 자랑하노니 주의 환상과 계시를 말하리라 내가 그리스도 안에 있는 한 사람을 아노니 그는 십사 년 전에 셋째 하늘에 이끌려 간 자라 (그가 몸 안에 있었는지 몸 밖에 있었는지 나는 모르거니와 하나님은 아시느니라) 내가 이런 사람을 아노니(그가 몸 안에 있었는지 몸 밖에 있었는지 나는 모르거니와 하나님은 아시느니라)
>
> 그가 낙원으로 이끌려 가서 말로 표현할 수 없는 말을 들었나니 사람이 가히 이르지 못할 말이로다 내가 이런 사람을 위하여 자랑하겠으나 나를 위하여는 약한 것들외에 자랑하지 아니하리라 내가 만일 자랑하고자 하여도 어리석은 자가 되지 아니 할 것은 내가 참말을 함이라 그러나 누가 나를 보는 바와 내게 듣는 바에 지나치게 생각할까 두려워 하여 그만 두노라 여러 계시를 받은 것이 지극히 크므로 너무 자만하지 않게 하시려고 내 육체에 가시 곧 사탄의 사자를 주셨으니 이는 나를 쳐서 너무 자만하지 않게 하려 하심이라 이것이 내게서 떠나가게 하기 위하여 내가 세 번 주께 간구하였더니 나에게 이르시기를 내 은혜가 네게 족하도다 이는 내 능력이 약한 데서 온전하여짐이라 하신지라 그러므로 도리어 크게 기뻐함으로 나의 여러 약한 것들에 대하여 자랑하리니 이는 그리스도의 능력이 내게 머물게 하려함이라 그러므로 내가 그리스도를 위하여 약한 것들과 능욕과 궁핍과 박해

와 곤고를 기뻐하노니 이는 내가 약한 그 때에 강함이라

여기서는 이 본문을 중심으로 바울이 환상과 계시를 어떻게 이해했는지 살펴본다. 먼저 본문의 문맥과 배경을 알아본다.

고린도후서 10-13의 네 장들은 일반적으로 논쟁서신의 한 부분으로 알려져 있다. 이 장들에서 바울은 그의 대적자들에 맞서서 자신의 사도권을 강력하게 변호하고 있다. 그 대적자들의 정체와 이 논쟁의 배경에 대해서는 오랫동안 논의되어 왔다. 이 장들에서는 적지 않은 곳에서 바울의 격한 언어와 격앙된 감정적 분위기를 발견할 수 있다.

헬라지역의 교회들에서 참된 사도의 표지로 환상들과 계시들이 요구된 것과는 달리, 바울은 반복해서 자신의 약함을 이야기하고 있음은 다소 아이로니컬하다. 사실, 약함의 주제는 고린도후서 11:12-12:10에서 계속해서 다루어지고 있다. 바울은 환상이나 신비적 체험들을 과장해서 자랑하는 그의 대적자들과의 논쟁 때문에 자신을 자랑하지 않을 수 없는 궁지로 내몰리고 있었다. 그런데, 그의 자랑은 그의 탁월함과 능력보다도 자신의 약함에 관한 것이었다(11:12b-33). 그가 마지못해서 자신이 받은 환상과 계시를 말할 때도 그는 그의 약함과 고난을 언급하는 것을 잊지 않았다(12:1-10).

바울이 고린도후서 12:1-10에서 밝힌 내용은 그의 내적이며 개인적인 경험을 묵시적 틀 속에서 묘사한 것이다. 바울은 묵시(apocalypse)라는 용어를 그의 서신 여러 곳에서 사용하였다. C. K. 배럿(Barrett)에 의하면, 바울은 그 용어를 여러 가지 의미로 사용하였다: 마지막 때의 묵시적 계시(롬 2:5, 8:19, 고전 1:7, 살후 1:7), 복음의 초자연적 계시

(롬 16:25), 영적인 진리(고후 12:1,7)등.[93] 바울은 묵시와 계시를 유사한 의미로 사용하고 있음을 알 수 있다. 그러면 계시와 환상은 어떻게 다른가?

J. 캘빈(Calvin)은 계시와 환상을 이렇게 설명한다. "계시는 가끔 꿈이나 눈으로 볼 수 없는 신탁에 의해서 주어지나 환상은 계시 없이는 주어지는 경우가 드물다. 그 말은, 주님께서 그것을 통해서 의미하는 바를 분명하게 하시지 않고서는 환상을 주시지 않는다"[94] 캘빈은 계시를 환상과 긴밀하게 연결시켜 이해한다. 그와 동시에, 그는 계시가 환상보다 우월함을 분명히 한다. 왜냐하면 계시는 주님으로부터 메시지를 받기 때문이다. 비록 우리가 환상과 계시를 분리해서 다루지만, 때때로 환상과 계시를 구분하기가 어려운 것이 사실이다. 간단히 말하면, 환상은, 꿈이나 다른 신비 현상들과 같이, 계시의 형식이요 수단이다.

본문에서 바울이 묘사한 영적인 여정은 승천 설화에 속하는데, 이와 유사한 것들이 고대 세계와 샤머니즘 같은 원시 종교들에서 종종 발견된다. 이런 현상들은 제1 에녹서 (39:3 ff.)와 제2 에녹서(7:1 ff.), 그리고 제3 바룩서 같은 묵시 문학에서도 나타난다. 이런 현상에서 신과 인간 사이의 의사소통은 주로 두 가지 형태로 나타난다. 하나는 접신(possession)형태인데, 이때는 밖에서 영이 몸속으로 들어가서 그 사람을 사로잡는다. 다른 하나는 탈혼(rapture)형태로서, 이때는 인간 속에 있는 영이 강제로 밖으로 쫓겨나거나 불림을 당해서 외부 세계를 여행

93 C. K. Barrett, *The First Epistle to the Corinthians*(New York: Harper & Row, 1968), 317.

94 J. Calvin, *The Second Epistle to the Corinthians and Epistles to Timothy, Titus, and Philemon*(R. Cunningham & Sons, 1964), 155.

하는 것으로 나타난다. 이 여행 중에 그 영은 신비스러운 영의 세계를 목격하게 된다.

본문 12:2-4에 묘사된 바울의 경험은, 다소 복잡하지만, 두 번째 형태에 속하는 것으로 보인다. 그 사건이 14년 전에 일어난 것이고, 바울의 기억력도 한계가 있기 때문에, 그가 그것을 자세하게 묘사한다는 것이 어려웠을 것이다. 아니면, 바울은 이런 종류의 경험에 대해서 냉소한다는 것을 보여주기 위해서 고의로 상세한 묘사를 피했을 수도 있다. 우리가 바울의 황홀 체험을 가시적인 특징으로 살펴본다면 이스라엘의 초기 선지자들의 경험들과 유사한 점이 많다.

R. R. 윌슨(Wilson)에 의하면, 환상 체험이 가끔 식별할 수 있는 메시지를 가지지만, 대다수의 경우 황홀 상태에서 알아들을 수 있는 메시지를 가지기가 어렵다.[95] 본문 12:2-4를 보면 바울은 셋째 하늘로 가는 체험에서 어떤 메시지도 언급하지 않았다. 바울의 생애에서 가장 극적인 사건은 그의 다메섹 체험이다. 그 사건에서 바울은 환상을 보고 주님으로부터 메시지를 들었다. 사도행전에서 이 경험이 세 번이나 기록되어 있다(9:3 ff., 22:6 ff., 26:12 ff.). 이 사건은 바울의 삶에서 그리스도인으로서, 그리고 사도로서, 전환점이자 새로운 시작을 여는 사건이다. 그런데, 이상스러운 것은, 바울 자신이 이 사건을 그의 서신 어느 곳에서도 명확하게, 자세하게 서술하고 있지 않다는 것이다. 그 이유는 바울의 이 체험이 이미 널리 알려져 있었기 때문일 수 있다. 아니면, 이것은 바울이 신비적 체험을 선호하지 않았다는 것을 보여주는 실례이

---

95 R. R. Wilson, "Prophecy and Ecstasy: A Reexamination" *JBL* 98/3(1979), 337.

기도 하다. 사실, 바울이 승천 환상을 소개할 때도 그는 "무익하나마 내가 부득불 자랑하노니"라고 시작하고 있다. 바울의 이런 태도는 신비 현상을 과장해서 떠벌리거나 자랑하는 바울의 대적자들이나 그 시대의 사이비 종교인들의 태도와 대조를 이룬다.

A. F. 시걸(Segal)에 의하면, 본문 12:1-10은 "하나의, 혹은 두 개의 서로 다른 환상들의 고백적인 묘사이고" 그 환상은 "신비적이며 묵시적이다".[96] 비록 시걸은 묵시와 신비를 구분했지만, 때로는 그것들을 구분하기 어렵다. 대부분의 주석가들은 고린도후서 12:1-10은 두 개의 환상들로 구성되어 있다고 본다. 첫 번째 환상은 바울이 세 번째 하늘로 올라가는 환상으로서, 그 환상에서 바울은 말로 표현할 수 없는 말을 들었다. 두 번째 환상은 육체의 가시에 관한 것으로, 이 환상에서 그는 메시지를 들었다. 이 단락의 '한 사람'은, 때로 그것이 '나'로 바뀌지만, 일관성 있게 바울 자신을 가리킨다.

그런데 왜 바울은 자신의 경험을 이야기하는데 삼인칭 '한사람'을 사용하였는가? P. E. 휴스(Hughes)는 이 표현은 바울의 경험이 너무나 독특하고 초월적이기 때문에 그것이 마치 다른 사람에게서 나타난 것처럼 말했다고 본다.[97] 그러나 그것을 정확하게 이해하기 위해서는 묵시 자료를 연구해 봐야 한다. 바울이 이런 표현을 사용한 것은 그가 다른 묵시적 용어나 개념들을 사용한 것과 맥을 같이 한다. 다른 말로 하면, 바울은 그 시대에 널리 퍼져 있던 묵시 문학을 익히 알고 있었으

---

96 A. F. Segal, "Paul and Ecstasy" in *SBL* 1986 (Atlanta: Scholars Press, 1986), 555.

97 P. E. Hughes, *The Second Epistle to the Corinthians*(Grand Rapids: Eerdmans, 1982), 430, 440.

며, 때로는 그것을 자신의 필요에 따라 사용하였다. 바울은 그의 서신에서 '이끌려 간다'라는 표현을 두 번 사용했는데 본문 12:2과 데살로니가전서 4:17에서이다. 데살로니가전서 4:17에서 그 용어는 소위 말하는 '휴거'로서 마지막 날에 예수께서 재림하실 때 그와 연합하는 것을 의미한다. 이 경우에 사람의 전 존재가 하늘로 들리워 올려진다. C. K. 배럿은 본문 12장 단락에서의 바울 경험은 일종의 휴거라고 주장한다. 그는 사람이 천상의 세계와 접촉하는 일은 보통 몸 밖에서 일어난다고 본다.[98]

바울의 시대에는 몸 밖에서 일어나는 경험이 몸 안에서 일어나는 경험보다 더 자주 보고되고 있다. 아마, 전자가 후자보다 더 신비적이고 영적이라고 간주되기 때문인 것 같다. 필로는 모세가 하늘로 이끌려 올라가는 것을 증언한다. 20세기 말에 관심을 불러 모았던 가사 상태에서의 탈혼 현상(Near Death Experiences)도 몸 밖에서 일어나는 현상이다. 그러나 바울은 전자를 후자보다 더 선호한 것은 아니다. 왜냐하면 바울의 관심은 그 경험이 몸 밖인지 아닌지에 있는 것이 아니었기 때문이다. 이런 관점에서 보면, 바울은 당시의 묵시 문학에 나타나는 환상가는 아니다. 물론 이 말은, 바울이 환상과 계시를 실제로 받지 않았다는 것이 아니다. 오히려 그는 계시와 환상을 너무 많이 받아 자만하지 않기를 원했다.

98 Barrett, 앞의 책, 308.

B. 상이한 관점

캘빈은 바울의 환상 체험에 대한 보고를 그의 대적자들과의 '자랑 경쟁'이라고 보면서, 바울은 다소 냉소적인 관점에서 이것을 묘사하고 있다고 주장한다.[99] 바울은 거듭해서 명백하게 자신이 이런 어리석은 자랑 경연에 빠져들기를 주저한다고 말했다. 왜냐하면 이런 허망한 자랑은 자신을 높이고자 하는 위험에 빠져드는데, 이렇게 될 때 명백히 복음의 능력을 격하시키게 되기 때문이다. 바울은 묵시적 경험 그 자체에 관심이 있었던 것이 아니고, 오히려 환상을 통해서 전해진 주님의 메시지에 더 관심이 있었다. 바울은 14년 전의 한 경험을 회상해 내면서 그 경험 자체에 큰 의의를 부여하지 않은 구체적 상황은 어떠했을까?

바울이 이 경험을 보고하되 마지못해서 한 직접적인 동기는, 그가 그의 대적자들과 갈등 상태에 있었기 때문이었다. 그의 대적자들은 그들이 받은 묵시적 경험들을 과대평가해서 바울을 격하시키고 공격하였다. 그들의 그런 시도는 당시의 종교 문화적 배경에서 볼때 고린도 교인들의 존경과 지지를 받기에 합당하였다. 바울의 편지를 근거로 해보면, 몇몇 교인들이 대적자들의 주장에 미혹 당했음이 분명하다. 바울의 대적자들과 그들의 추종자들은 그 당시 헬라 문화의 전통과 분위기에 편승하고 있었다. 당시의 관점에서 보면, 대적자들의 생각과 관점이 널리 인정을 받을 수 있었다.

---

99 J. Calvin, 앞의 책, 155.

그러나 바울은 그들의 관점을 공격하였고, 그들의 행위와 선전을 기만적이고 교만한 것으로 보았다. 그렇게 함으로 그는 자신이 매우 어색한 곤경에 처하게 되었다. 한편으로 보면, 그는 자신이 적법한 사도임을 고린도 교인들에게 확증시키기 위해서 자신도 환상과 계시를 받았음을 증명해야 했다. 다른 한편으로 보면, 그는 이런 묵시적 경험들의 고유한 가치를 믿지 않았고, 오직 그 경험에 필수적인 것은 주님의 메시지임을 분명히 했다. 신비적이고 영적 현상은 모든 종교에 있는 것이다. 이런 현상은 유대교나 기독교에 국한되어 발생하는 것이 아니다. 중요한 것은 주님과의 인격적인 만남이다. 그렇다면, 이런 어려운 처지에서 그가 택한 것은 무엇인가?

그는 자신의 약함을 자랑함으로서 복음의 능력을 증언하는 길을 택했다. 바울은 약한 가운데서 강하게 되고, 주님은 약한 자를 세워서 강한 자를 부끄럽게 한다는 사실을 분명하게 밝히고 있다. 바울은 그의 약함을 통해서 하나님의 능력과 지혜와 십자가의 비밀이 계시되었음을 말한다. 그의 이런 생각은 그의 서신 전체에서 여러번 나타나고 있다: "하나님의 어리석음이 사람보다 지혜롭고 하나님의 약하심이 사람보다 강하니라"(고전 1:25); "오히려 자기를 비워 종의 형체를 가지사 사람들과 같이 되셨고 사람의 모양으로 나타나사 자기를 낮추시고 죽기까지 복종하셨으니 곧 십자가의 죽으심이라"(빌 2:7-8). 배럿이 적절히 표현한 것처럼, "인간 약함의 처소가 하나님의 능력이 나타나는 가장 좋은 무대이다"[100].

---

100 Barrett, 앞의 책, 317.

바울은 부활이 죽음을 통해서 오듯이 승리는 약함을 통해서 온다는 진리를 거듭해서 강조한다. 바울은 그가 받은 이 계시를 선포해야만 했다. 바울의 관점에서 보면, 신비적 체험을 했다고 사람이 자랑하는 것은 권위와 힘을 얻고 자신을 영광스럽게 하고자 하는 계략일 뿐이다. 그래서 기적을 행하고 환상을 자랑하는 것은 자신을 영광스럽게 하고자 하는 것이다. 이것은 섬기기보다는 섬김 받기 원하는 거짓 사도의 징표이다. 결과적으로, 신비적 체험을 자랑하는 행위는 진실한 사도가 누구인가 하는 논쟁과 밀접하게 관련되어 나타난다.

고린도 교회의 이 문제는 이스라엘 종교에서 참된 선지자가 누구인가를 분별하는 문제와 비슷한 점이 있다. 구약시대에 선지자들은 공동체에서 참된 선지자임을 인정받기 위해서 어떤 징표를 보여주어야 했다. 만약 그들이 이 요구 조건을 충족시키지 못하면 그들은 의심의 대상이 되어 공동체에서 박해를 받거나 추방되었다. 신명기에는 참된 선지자를 분별하는 기준으로 그 예언이 실현되는지 여부를 물었다(18:22). 동시에 거짓 선지자에 대해서는 엄중한 처벌이 가해지도록 되어 있다(신 18:20 ff.). 구약시대에는 예레미야와 하나니야 간의 갈등과 같은 선지자들 사이의 갈등이 종종 나타났다(렘 14:14, 23:21 ff.).

C. 분별 기준

바울이 계시와 환상을 이해하는 데 일관된 기준들이 있는가? 무엇보다도, 바울에게 있어서는 그것이 환상이든, 은사든, 신비적 체험이든, 공동체 내에서 이해될 수 있어야 했다. 이 요건은 공동체의 교화와 교육에서 불가결의 요소이다. 이 기준에 근거해 보면, 예언이 통역 없는 방언보다 우월한 것은 자명한 사실이다. 신비적 체험의 경우도 마찬가지다. 다른 사람들이 이해할 수 없는 사적이고 비밀스러운 체험은 공동체 내에서 큰 의의가 없다. 고대세계나 현대에서도 사람들은 자신들의 종교적 욕구를 충족시키기 위해서 신비적 체험들을 추구한다. 그래서 은연중에 이런 신념에 사로잡혀 있다. 즉, 그 체험이 신비할수록 더 영적이고 더 능력있는 것이라고 믿는것이다. 그러나 바울에게 있어서 메시지가 없는 신비 체험은 마치 통역이 없는 방언과 같이 이해할 수 없는 것이어서, 공동체에 큰 유익이 되지 못한다.

바울이 종교적 체험을 평가하는 방식은 이스라엘의 선지자적 전통의 영향을 받은 것이 분명하다. 이스라엘의 선지자 전통을 보면, 그 초기 단계에서 신비적이고 황홀한 체험이 많이 있었지만, 후대로 갈수록 신비적 체험보다는 알아들을 수 있는 메시지를 더 중요시한 것을 볼 수 있다. 이 관점에서 보면, 바울이 계시와 환상을 평가하는 기준은 일관성이 있고 선지자 전통과 맥을 같이 한다고 볼 수 있다.

바울의 이 기준은 보다 더 높은 차원의 기준과 연결되는데, 그것은 계시된 진리의 기준이다. 바울은 고린도인들에게 신비적 체험들보다는 주님의 계시된 진리를 추구하라고 가르쳤다. 그는 이 계시된 진리가 은사든, 환상이든, 또는, 어떤 종교적 체험이든, 그것을 평가하는 기준이 되어야 함을 강력하게, 그리고 일관성 있게 주장했다. 신비적이며 영적인 현상들은 거의 모든 종교에 나타나는 것이기 때문에, 그 현상 자체만으로 복음의 진리나 진정한 사도성을 분별하는 기준이 되어서는 안된다. 그의 이러한 주장은 신비 체험을 과대 평가하여 자신들의 권위와 영광을 높이려는 대적자들의 입장과 반대가 된다. 그는 묵시적 혹은 신비적 경험이 진리의 필수적인 요건이 아니라는 것을 분명히 한다. 그는 종교의 외적 현상들의 중요성을 격하시키고, 그 시대의 거짓되고 과장적인 종교성을 비판하였다. 이러한 기만적 종교성은 참된 사도직을 더럽히는 세상적 기준들을 만들어 낸다. 그의 이 견해는 신적 계시가 초월적 현상보다 더 선호되어야 한다는 구약 성경의 메시지를 잘 반영하고 있다.

바울이 종교현상들에 관해서 세운 일련의 규정들은 고린도 교인들이 주님께서 그들에게 무엇을 말씀하시는가를 듣도록 인도하기 위한 조치들이다. 그가 은사들과 환상들을 그렇게 이해한 것은 결국 교회를 성숙시키기 위한 것이다. 그가 대적자들의 그릇된 관점에 대항해서 참된 기준을 제시한 것은 그가 세운 교회들이 복음의 진리 위에서 성장해 나가기를 바랐기 때문이다. 아직 신약성경이 형성되기 이전이었던 그 시대에 바울의 이 교훈은 진정한 교회를 세워나가는 데 중요한 지침이 되었다.

J. K. 킬너(Kilner)는 바울의 이 원리를 사랑의 동기를 가진 윤리라고 해석했다. 다른 말로 하면, 바울에게 있어서는 주님의 몸된 교회를 든든하게 세우는 것이 주님을 구체적으로 사랑하는 행위인 것이다. 이런 점에서 바울의 윤리는 주님의 몸된 교회 중심의 윤리라고 할 수 있다.[101] 이 원리는 그의 전체적인 선교와 목회의 기초가 되는 원리이다. 그가 계시와 환상들을 다룬 원리와 기준은 공동체 내에서의 다른 문제들, 즉, 은사들의 평가, 우상에게 바친 제물, 강한 자와 약한 자의 관

---

101 J. F. Kilner, "Pauline Approach to Ethical Decision-Making" *Interpretation* 43/4 (1989), 376 f.

계, 교인들 간의 법정 시비 등을 다룬 원리와 기준들과 동일하다. A. 플러머(Plummer)는 이 진리를 잘 표현하고 있다: "...인격과 행위에 가치를 부여하는 것이 사랑이듯이(고전 13장) 은사의 적절한 활용과 진정한 가치를 가르치는 것도 사랑이다"[102] 바울은 환상과 계시에 관해서도 동일한 원리를 적용했다. 그는 그의 환상들과 계시들을 자랑함으로 자신을 영광스럽게 하는 것을 피했다. 그 이유는 그렇게 함으로 다른 약한 그리스도인들이 자신을 모방하려는 유혹에 빠지지 않게 하기 위해서였다. 이것은 바울이 가진 동료 그리스도인들에 대한 커다란 사랑이며, 이 사랑이 그렇게 어려운 환경 속에서도 그의 선교와 목회를 계속해 나갈 수 있게 하였다.

바울의 환상과 계시에 대한 평가와 규정은 교회사적으로 이후의 교회들에게 큰 영향을 미쳤다. 우리가 다룬 여러 가지 주제들 중에 몇몇은 아직도 계속 논란이 되고 있다. 그러나 이것은 확실하다. 바울의 환상들에 대한 해석은 우리들에게 신비적 현상들을 신앙적으로 어떻게 이해하고 받아들여야 하는지를 알게 해 준다. 바울이 환상과 신비 체험의 분별에서 사용한 사랑의 원리는 영성의 궁극적 목표로서 제시된 성령의 열매와 연결된다. 영성 수련의 목표는 인격과 행위가 사랑에 근거하도록 하는 것이다.

---

102 A. Robertson & A. Plummer, *First Epistle of St. Paul to the Corinthians*(Edinburgh T & T Clark, 1978), 301.

3) 종말(회복)의 영성

바울은 “믿음, 소망, 사랑은 항상 있을 것인데”(고전 13:13a)라고 했는데, 오늘 이 시대는 소망이 상대적으로 약하다. 그리고, 그는 “만일 그리스도 안에서 우리가 바라는 것이 다만 이 세상의 삶뿐이면 모든 사람 가운데 우리가 더욱 불쌍한 자이리라”(고전 15:19)고도 했다.

A. 종말의 개념

신학적으로 말하면, 소망을 다루는 교리가 종말론이다. 그런데 종말론이라는 용어 자체가 너무 부정적으로 인식되어 있다. 그래서 종말론은 무섭고 어려운 것으로 여긴다. 그러나 종말은 하나님께서 선하게 창조하신 모든 것들을 다시 회복하시는 때다. 그래서 타락 이전의 시대를 다루는 창세기 1-2장은 모든 죄악이 청산된 요한계시록 21-22장과 연결된다. 종말론은 곧 시원론이다. 즉 종말은 모든 것이 처음 창조된 때로 회복되는 때이다. 그래서 저자는 종말이라는 개념을 회복이라는 관점에서 이해한다. 사도행전의 베드로 설교에서 이 용어가 나온다: “하나님이 영원 전부터 거룩한 선지자들의 입을 통하여 말씀하신 바 만물을 회복하실 때까지는 하늘이 마땅이 그를 받아 두리라”(3:21). 요한계시록에는 무서운 심판과 징계가 있지만, 그 결말은 새 하늘과 새 땅의 회복이다. 바울은 회복되는 이때를 어떻게 이해했는가를 살펴보고자 한다.

종말론은 난해한 주제로 교회에서 논의하기 꺼리는 주제 중의 하나이다. 종말론은 성경에서 분명하게 계시하고 있음에도 불구하고 교회에서 잘 다루지 않기 때문에, 이단이나 사이비 쪽에서 그릇되게 해석하여 교회적으로나 사회적으로 물의를 많이 일으키는 주제이기도 하다. 이단이나 사이비 문제는 왜곡된 종말론 문제와 자주 연결 된다. 그런데 왜 교회에서는 이 문제를 철저하게 다루지를 못 할까? 성경에서 말세나 마지막 때라는 용어들이 자주 등장한다. 우리가 종말 혹은 회복이라는 용어를 자세히 살펴보면, 이 용어가 여러 가지 의미를 가지고 있음을 알 수 있다. 그런데 이 용어가 성경에서 구분 없이 사용되고 있다.

종말은 개인적인 종말, 국가나 민족의 종말, 문명의 종말, 우주적인 종말, 그리고 구원사적 종말도 있다. 개인 종말은 개인의 죽음으로 삶이 끝나는 것이다. 국가나 민족의 종말은 국가나 민족의 파멸을 말하고 문명이 끝나는 종말도 있다. 지구나 우주가 파멸되는 종말도 있다. 이 모든 종말은 하나님의 섭리 안에서 회복되는 새로운 시대와 연결된다. 예를 들면, 믿는 자의 죽음은 부활과 연결된다. 이스라엘의 파멸이 있었지만 새 이스라엘이 나타났다. 하늘과 땅이 파멸되지만, 요한계시록에서 보듯이, 새 하늘과 새 땅이 나타날 것이다.

여러 차원의 종말 중에서 중요한 것은 구원사적 종말 혹은 회복이다. 히브리서 1:1-2을 보면 이렇게 기록되어 있다: "옛적에 선지자들을 통하여 여러 부분과 여러 모양으로 우리 조상들에게 말씀하신 하나님이 이 모든 날 마지막에는 아들을 통하여 우리에게 말씀하셨으니 이 아들을 만유의 상속자로 세우시고 또 그로 말미암아 모든 세계를 지으셨느니라". 구원사적 종말은 구원의 모든 단계에서 지금이 마지막 단계에 와 있다는 것이다. 이 종말은 예수 그리스도의 죽음과 부활, 그리고 성령의 오심으로 이루어진 구원사의 마지막 때를 가리킨다. 이 종말은 예수의 재림과 심판, 그리고 만물의 회복으로 온전하게 실현될 것이다. 우리는 타락 이후 아브라함의 선택과 이스라엘 시대를 거쳐 지금은 세계 열방으로 구원이 전파되어 가는 시대를 살고 있다.

성경에는 다양한 종말들이 혼재해 있어서 해석할 때 혼란을 많이 빚는다. 예를 들면, 종말 담론인 마가복음 13장에 보면 예수님이 종말 예언을 하신다. 제자들이 예루살렘에 도착해서 헤롯이 지은 성전을 보고 감동을 받았는데, 예수님은 그 성전을 보고 이 성전의 돌 위에 돌 하나도 남지 않을 것이라는 예언을 하셨다. 이 예언을 듣고 제자들은 큰 충격을 받았다. 그들은 다급하게 물었다. 이 성전이 무너질 때가 언제입니까? 성전이 무너진다는 것은 유대 문명의 종말적인 상황을 의미한다. 이 예언은 주후 70년, 곧 제1차 유대 로마 전쟁 시에 실현되었다. 유대 문명의 중심은 성전인데, 제사를 드릴 성전이 무너졌다는 것은 유대 문명의 중심이 파괴되었다는 것을 의미한다. 그때 이후로 지금까지 유대교는 성전이 없다. 그러나 그 성전은 성령이 오셔서 믿는 사람 개인에 임하심으로 회복되었다: "너희는 너희가 하나님의 성전인 것과 하나님의 성령이 너희 안에 계시는 것을 알지 못하느냐"(고전 3:16). 이것은 예수 자신이 새로운 성전을 예언하신 것과 같은 맥락이다: "... 너희가 이 성전을 헐라 내가 사흘 동안에 일으키리라", "그러나 예수는 성전된 자기 육체를 가리켜 말씀하신 것이라"(요 2:19, 21).

예루살렘 성전이 무너졌을 때, 유대 민족의 정서로 보면 마치 세상이 끝나는 것과 같은 느낌을 가질 수가 있다. 그렇지만 성전파괴는 우주적인 종말은 아니다. 종말담론을 보면 성전 파괴의 예언이 비약하여 지구의 멸망과 같은 우주적 종말 현상과 인자의 오심과 심판같은 구원사적 종말로 발전하고 있다. 그래서 종말 담론에는 유대 문명의 종말과 우주적 종말, 그리고 구원사적 종말이 함께 들어가 있다. 그래서 종말 담론에는 이미 실현된 것(already)과 아직 실현되지 못한 것(not yet)이 섞여 있는 셈이다. 지금 이 시점에서 보면, 성전 파괴의 예언은 실현되었으나 우주적 종말은 아직 실현되지 않았다. 구원사적 관점에서 보면, 예수 그리스도의 십자가와 부활, 그리고 성령의 강림으로 구원이 이미 실현되었으나, 예수의 재림과 심판, 그리고 창조의 회복은 아직 이루어지지 않았다. 우리는 종말을 혼돈하지 말아야 한다. 개인적 종말, 민족과 국가의 종말, 문명의 종말, 우주적인 종말, 또는 구원사적 종말을 분별해야 한다. 그리고 종말은 회복을 위한 과정이라는 사실도 꼭 기억해야 한다.

B. 때의 분별

종말 혹은 회복은 시간과 관련되어 있다. 시간 개념에는 인간의 시간 개념인 크로노스와 하나님의 시간 개념인 카이로스가 있다. 인간의 시간은 연대기적인 시간 개념이고, 하나님의 시간은 영적인 시간이고, 상징적인 시간이다. 성경에는 크로노스가 있지만 지배적인 시간 개념은 카이로스적인 시간 개념이다. 우리가 성경해석을 하면서 혼돈하는 큰 이유 중의 하나가 성경의 카이로스적인 시간을 크로노스로 해석하는 문제다. 그러면 카이로스와 크로노스는 어떻게 다른가?

하나님의 피조물 중에 시간이라는 개념이 들어가 있다. 이것이 크로노스적 시간이다. 창조된 시간은 시작이 있고 끝이 있다. 카이로스라는 시간은 하나님만이 주관하시는 시간으로서 인간이 알 수 없는 시간이다. 이 시간 개념을 혼돈하면서 여러 가지 문제가 생긴다. 성경에 나오는 여러 가지 예언들은 하나님이 주관하시는 시간에 속하는데, 이것을 인간적인 연대로 해석하는 오류를 범하게 된다. 이런 해석을 시도하는 사람들을 시한부 종말론자라고 한다. 그들은 성경에 나타난 예언에 대해서 몇 년, 몇 월, 몇 일, 몇 시 즉 크로노스적으로 해석을 하려고 했고, 또 하고 있다. 근본적으로 하나님의 때라는 것은 우리가 점칠 수가 없는 분야이다.

그렇다면 왜 우리에게 예언이 주어지느냐? 하나님이 예언을 주실 때 우리가 그 예언을 받아들이는 자세가 중요하다. 하나님이 말씀하시기 때문에 그 때가 반드시 있다. 그래서 그때를 대비해서 우리의 삶의 자세를 바꿔야 한다. 마가복음 13장을 보면 예수께서는 이렇게 말씀하셨다: "그러나 그 날과 그 때는 아무도 모르나니 하늘에 있는 천사들도, 아들도 모르고 아버지만 아시느니라"(13:32). 그런데 예수 자신도 모른다고 분명히 말씀하셨는데도 불구하고, 교회 역사를 보면 끊임없이 시간을 점치는 사람들이 나타나서 사람들을 미혹했다. 그래서 예수께서는 반복해서 경고하셨다: "깨어 있으라"(막 13:33, 35, 37). 바울도 데살로니가 교인들뿐 아니라, 오늘 우리들에게도, 이렇게 당부하고 있다: "영으로나 또는 말로나 또는 우리에게서 받은 편지로나 주의 날이 이르렀다고 해서 쉽게 마음이 흔들리거나 두려워하거나 하지 말아야 한다는 것이다 누가 어떻게 하여도 너희가 미혹되지 말라 ...."(살후 2:2-3).

바울은 누가 어떻게 하여도 미혹되지 말라 했는데 20세기 말에 우리나라에서 시한부 종말론자들(다미선교회)이 어떻게 교인들을 미혹했는지 알아보자. 바울의 계시록이라고 하는 데살로니가전서 5장의 한 단락을 시한부 종말론자들은 그릇 해석하여 많은 교인들을 미혹했다.

> 형제들아 때와 시기에 관하여는 너희에게 쓸 것이 없음은 주의 날이 밤에 도둑 같이 이를 줄을 너희 자신이 자세히 알기 때문이라 그들이 평안하다 안전하다 할 그 때에 임신한 여자에게 해산의 고통이 이름과 같이 멸망이 갑자기 그들에게 이르리니 결코 피하지 못하리라 형제들아 너희는 어둠에 있지 아니하매 그 날이 도둑 같이 너희에게 임하지 못하리니 너희는 다 빛의 아들이요 낮의 아들이라 우리가 밤이나 어둠에 속하지 아니하나니 그러므로 우리는 다른 이들과 같이 자지 말고 오직 깨어 정신을 차릴지라 (살전 5:1-6).

"너희는 어둠에 있지 아니하매 그 날이 도둑 같이 너희에게 임하지 못하리니"라는 구절을 그들은 이렇게 잘못 해석했다. 낮의 아들에게는 미리 예언자를 보내서 그 날과 그 시를 알려 주기 때문에 그들은 어둠에 있지 아니하다. 그 예언자에 의하면, 그때가 몇 년, 몇 월, 몇 일, 몇 시다. 주님은 그 예언자를 통해서 미리 그들에게만 그때를 알려 주셨기 때문에, 그들은 어둠에 속하지 아니하고 그 날이 도둑같이 임하지 아니한다는 것이다.

이 해석이 그럴듯 한데 뭐가 문제인가? 이 해석은 카이로스와 크로노스를 혼돈한 전형적인 경우다. 예수님도 그때를 모른다고 했는데, 많은 사람들이 종말의 때를 안다고 하는 시한부 종말론자들을 따라갔다. 사실 그 문장을 자세히 읽어보면, 카이로스와 크로노스의 때의 구분을 분명히 한 사람에게는 이 단락의 뜻이 명확하다. 이 단락의 정확한 뜻은 이것이다. 너희는 마지막 시기나 주의 날이 온다는 이야기를 듣게 될 때에, 그 날과 시간에 대해서 연대기적(크로노스)으로 따지지 마라. 왜냐하면, 그때는 아무도 모르게 도둑같이 갑자기 올 것이기 때문이다. 그래서 너희는 언제 임할지 모르는 그때를 대비해서 항시 자기 자신을 살피고 삶의 자세를 바꾸라. 바꾸라는 것은 밤의 자녀처럼 지내지 말고 낮의 자녀처럼 깨어있으라는 것이다. 그때와 시기는 하나님께 속해 있기 때문에 그 누구도 알 수 없다. 그래서 그때는 밤에 도둑같이 아무도 모르게 온다는 것이다. 깨어있는 사람에게는 도둑같이 갑자기 오지 않는다. 예수님 자신도 모른다고 했고, 거짓 메시아나 거짓 선지자에게 속지 말라고 몇 번 말씀을 했는데도 사람들은 속고 또 속는다. 어떤 경우든 우리는 그때를 알 수 없다. 누가 무슨 이야기를 하더라도 그때는 우리에게 알려지지 않을 것이기 때문에 미혹당하지 말아야 한다.

C. 순례의 여정과 천국소망

말세나 종말이라는 말이 나올 때는 우리의 삶을 돌아봐야 하고, 삶의 자세를 바꿔야 한다. 종말의 때는 시기와 때를 생각하지 말고 삶의 태도와 생각을 바꾸면서 살아야 한다. 주님에게는 하루가 천년 같고 천년이 하루 같기 때문에, 인간적인 시간으로 하나님 시간을 맞추려고 하지 말아야 한다. 그 대신에 우리 자신을 살피면서 세상에 지나치게 애착을 가지지 않도록 해야 한다. 이때는 우리가 하나님을 바라보고 하나님의 뜻에 합당하게 삶의 방식을 바꾸는 것이 중요하다. 이 주제에 관해서 바울이 디모데에게 한 교훈이 도움이 될 것이다.

> 너는 이것을 알라 말세에 고통하는 때가 이르러 사람들이 자기를 사랑하며 돈을 사랑하며 자랑하며 교만하며 비방하며 부모를 거역하며 감사하지 아니하며 거룩하지 아니하며 무정하며 원통함을 풀지 아니하며 모함하며 절제하지 못하며 사나우며 선한 것을 좋아하지 아니하며 배신하며 조급하며 자만하며 쾌락을 사랑하기를 하나님 사랑하는 것보다 더하며 경건의 모양은 있으나 경건의 능력은 부인하니 이같은 자들에게서 네가 돌아서라 (딤후 3:1-5).

바울 서신 중 종말론을 중심적으로 다루는 서신은 초기서신으로 알려진 데살로니가 전후서이다. 이 서신들에는 예수 그리스도의 재림, 끌려 올려감(휴거), 종말의 때와 시기등에 관해서 말하고 있다. 그런데 이 서신들의 교훈의 핵심은 예수께서 말씀하신 종말 담론(막 13장)의 결론과 동일하다. 종말의 때는 오직 하나님 아버지만 아시기에 성도들은 그때를 추측하거나 그때에 관한 예언에 흔들리거나 미혹당하지 말라는 것이다. 그렇게 하기 위해서 성도들은 항시 깨어있는 삶을 살아야 한다. 그렇다면 깨어있는 삶이란 어떤 것인가? 바울 서신에서 다양한 방식으로 설명되어 있지만 여기서는 두 단락만 예로 들어본다.

> 또한 너희가 이 시기를 알거니와 자다가 깰 때가 벌써 되었으니 이는 이제 우리의 구원이 처음 믿을 때보다 가까웠음이라 밤이 깊고 낮이 가까웠으니 그러므로 우리가 어둠의 일을 벗고 빛

의 갑옷을 입자 낮에와 같이 단정히 행하고 방탕하거나 술 취하지 말며 음란하거나 호색하지 말며 다투거나 시기하지 말고 오직 주 예수 그리스도로 옷 입고 정욕을 위하여 육신의 일을 도모하지 말라 (롬 13:11-14).

형제들아 내가 이 말을 하노니 그 때가 단축하여진 고로 이후부터 아내 있는 자들은 없는 자 같이 하며 우는 자들은 울지 않는 자 같이 하며 기쁜 자들은 기쁘지 않은 자 같이 하며 매매하는 자들은 없는 자 같이 하며 세상 물건을 쓰는 자들은 다 쓰지 못하는 자 같이 하라 이 세상의 외형은 지나감이니라 (고전 7:29-31).

종말의 때에는 우리가 삶의 자세를 바꾸어야 하는데, 그 중의 하나는 죄악된 삶에서 돌이켜야 될 것이다. 우리는 어둠의 옷을 벗고 빛의 옷을 입어야 한다. 어거스틴이 로마서의 이 구절을 읽고 큰 감명을 받아 그의 삶을 바꾸었다. 다른 하나는, 이 세상의 것들에 대해서 집착하지 말아야 된다는 것이다. 그것이 권세든지, 돈이든지, 명예든지, 이 세상에 있는 것에 대해서 애착을 가지지 말아야 한다. 그래서 내가 뭘 사더라도 내가 그것을 다 못 쓸 것이라 생각하라는 것이다. 즉 그 물건에 집착하지 말라는 것이다. 나에게 기쁜 일이 있어도 너무 기뻐하지 말고, 슬픈 일이 있어도 너무 슬프하지 말아야 한다. 왜냐하면, 내일 되면 정반대의 일이 일어날 수 있기 때문이다. 세상이 어렵고 혼란스러울 때는, 세상에 너무 애착을 가지지 말고 하나님을 자주 찾아야 한다. 우리가 세상 것에 집착하게 되면 거기서 오는 상처와 고통이 너무 크다. 모든 것이, 영원히는 아니더라도, 오랫동안 있을 것같이 생각하지만, 시간이 지나면서 변하고 없어지고 지나간다. 이 땅에서의 우리의 삶은 순례자의 삶이다. 우리는 천국소망을 품고 이 순례의 여정을 나아간다.

현재 우리가 가지고 있는 잘못된 종말론 이해 중의 하나가 그것을 완전히 미래의 것으로만 돌리고 현재와 무관한 것으로 생각하는 것이다. 종말이 미래적인 것이어서 현재와 상관이 없다는 사고는 문제가 있다. 성경에서 말하는 종말론은 현재 우리가 사는 삶에 따라서 하나님의 시간과 하나님의 때가 정해지는 것이다. 현재 우리의 삶과 하나님의 마지막 때는 역동적인 관계를 가지고 있다. 우리의 삶이 어떻게 되느냐에 따라서 종말이 결정된다.

예를 들면, 요나의 이야기에서 하나님께서 니느웨를 멸망시키기로 작정하셨지만, 니느웨 백성의 태도에 따라서 하나님이 계획을 바꾸셨다. 종말의 때는 우리가 하나님의 뜻에 어떻게 반응하느냐에 따라서 얼마든지 변할 수가 있다. 그래서 우리 삶의 태도가 중요한 것이다. 이런 관점에서 보면, 현대 문명에 따라서 무분별하게 살고 있는 우리의 삶의 방식을 바꿔야 한다. 이 삶의 방식 자체가 바뀌어지지 않고 그것이 강화되어 나가면 무서운 결과를 가져올 수 있다. 니느웨 사람들이 자기들의 방식대로 계속 살았다면 그 도시는 종말을 맞았을 것이다. 이것은 한 국가나 민족에게 해당된다.

세계적인 차원에서 볼 때, 지금 세계는 삶의 방식이 비슷해져 가고 있다. 세계적으로 동질화된 삶의 모습은 확대되어 간다. 모두가 자신의 이익을 추구하며 자연과 다른 사람들을 무차별하게 이용하면 파멸은 불가피한 것이다. 이런 삶의 방식을 바꾸지 않으면 진행 중인 종말이 하나님의 뜻에 따라서 임박하게 닥칠 수도 있다. 종말은 막연히 어느 한 시점에 닥치는 것이 아니다. 종말은 우리의 삶의 방식과 밀접한 관계가 있기 때문에 윤리적인 측면 뿐 아니라, 현대 문명에 대한 거시적 사고 방식이 불가피하다. 바울이 종말의 메시지를 선포했던 이유는 그 메시지가 세상을 변화시킬 힘을 가지고 있음을 깨달았기 때문이다. 그리고, 역사적으로 보면, 그 메시지는 로마 제국을 변화시켰고 또 지금도 우리 시대를 변화시키고 있다.

종말의 때는 회복을 기다리는 때이다. 비록 회복의 과정에 고통과 환란이 따르더라도, 주님께서는 믿는 자들에게 피할 길을 예비해 두셨다. 바울은 이 영광의 회복 때를 바라보고 믿음 안에서 승리할 수 있었다: "생각하건대 현재의 고난은 장차 우리에게 나타날 영광과 비교할 수 없도다"(롬 8:18); "우리가 소망으로 구원을 얻었으매 보이는 소망이 소망이 아니니 보는 것을 누가 바라리요 만일 우리가 보지 못하는 것을 바라면 참음으로 기다릴지니라"(롬 8:24-25).[103]

종말론은 종종 교회와 사회적으로 물의를 일으켜서 부담스러운 주제이고, 종말에 대한 가르침이 상당히 왜곡되어 종말론의 중요 주제인 내세가 우리 관심에서 멀어져 버렸다. 그래서 내세는 현세와 단절 되었다. 많은 사람들에게 내세는 추상적, 관념적인 것으로 왜곡되었다. 내세가 현세와 분리된 것이 우려할 상황이다. 바울은 이 땅에서 곤고하고 약하고 위기를 당하게 되면 항상 천상에 계시는 주님을 생각하고

---

103 성경의 영성식별기준 참고자료: 유해룡, 『하나님 체험과 영성수련』(장신대출판부, 2009), 222-241.
J. 로더, 이기춘/김성민 역, 『종교체험과 삶의 변환』,(한국신학연구소, 1998), 301-351 확신체험 식별기준: 성경적 기준 5가지, 심리학적 기준 5 가지.

주님을 의지했다. 바울 선교와 삶의 궁극적인 목적은 이 땅에서 선한 싸움 다 싸우고 믿음을 지켜서 주님이 자기를 위해서 예비하신 면류관을 천상에서 받는 것이었다.

> 나는 선한 싸움을 싸우고 나의 달려 갈 길을 마치고 믿음을 지켰으니 이제 후로는 나를 위하여 의의 면류관이 예비 되었으므로 주 곧 의로우신 재판장이 그 날에 내게 주실 것이며 내게만 아니라 주의 나타나심을 사모하는 모든 자에게도니라 (딤후 4:7-8).

바울에 의하면, 자기뿐만 아니라 주님을 기다리는 모든 사람들이 그 날에 주님의 면류관을 받는 것이 삶의 궁극적 목적이다. 또한, 바울은 주님과 영원히 함께 있게 될 것이라는 소망을 가지고 하루하루를 살았다.

> 그 후에 우리 살아 남은 자들도 그들과 함께 구름 속으로 끌어 올려 공중에서 주를 영접하게 하시리니 그리하여 우리가 항상 주와 함께 있으리라 (살전 4:17).

존 번연은 종말영성을 욕망과 인내라는 비유로 잘 설명하고 있다.

> 그때 나는 꿈속에서 해석자가 크리스천의 손을 잡고 어떤 작은 방으로 인도해 가는 것을 보았다. 그곳에는 두 소년이 각기 의자 위에 앉아 있었는데 그 중 나이가 많은 소년의 이름은 욕망이고 나이 어린 소년의 이름은 인내였다. 욕망은 매우 불만스러운 표

정으로 앉아 있었으나 인내는 매우 조용하고 침착한 표정이었다. "욕망이 불만을 품고 있는 이유가 무엇입니까?"하고 크리스천이 묻자, 해석자는 "그 소년들의 아버지가 가장 좋아하는 선물들을 그들에게 갖다 줄 테니 내년 초까지만 기다리라고 했지요. 그런데 욕망은 지금 당장 달라고 하고 인내는 기꺼이 기다리고 있는 중입니다"라고 설명해 주었다.

그러자 어떤 사람이 보물 한 자루를 짊어지고 욕망에게로 다가와서 그의 발아래 쏟아놓는 것을 나는 보았다. 욕망은 그것을 집어 들어 제멋대로 낭비하고 즐기면서 인내를 비웃고 조롱했다. 그러나 내가 바라보고 있는 동안 얼마 되지 않아서 욕망은 모든 것을 낭비해 버리고 남은 것이라고는 누덕누덕 기운 누더기 조각들 뿐이었다.

크리스천: "이것은 무엇을 의미하는지 좀 더 자세히 설명해 주십시오."

해석자: "이 두 소년은 상징적인 인물들입니다. 욕망은 현세의 인간들을 상징하고 인내는 내세의 인간들을 상징하고 있습니다. 우리가 여기서 방금 본 것처럼 욕망은 지금 당장 이 세상에서 모든 것들을 갖고자 하는데, 이와 마찬가지로 이 세상의 사람들도 지금 당장 그들이 차지할 수 있는 모든 것을 갖고자 하며, 내년까지, 즉 미래의 세상이 올 때까지 기다리지 못하는 것입니다.

'손에 잡은 한 마리의 새가 숲에 있는 두 마리의 새보다 낫다'는 속담이 장차 다가올 세상의 복락에 대한 하나님의 증언보다 그들에게는 더 믿을 만한 가치가 있다고 여겨지는 것입니다. 그러나 당신도 보다시피 욕망은 모든 것을 순식간에 낭비해 버리고 겨우 누더기 조각들밖에는 남은 것이 없었던 것처럼 이 세상의 물질에만 눈이 어두운 모든 사람들이 현세의 종말이 다가왔을 때 결국 그와 같이 될 것입니다."

크리스천: "여러 가지 이유로 인내가 가장 훌륭한 지혜를 가지고 있다는 것을 나는 지금 깨달았습니다. 첫째로 가장 좋은 것을 얻기 위해서 기다릴 줄 아는 태도가 지혜로우며, 둘째로 욕망이 누더기 밖에는 남은 게 없게 되었을 때 그는 자신의 영광을 차지하게 될 것이니까요."[104]

우리는 여기서 사도 바울의 이 말씀으로 결론을 맺을 수 있다. "우리가 소망으로 구원을 얻었으매 보이는 소망이 소망이 아니니 보는 것을 누가 바라리요 만일 우리가 보지 못하는 것을 바라면 참음으로 기다릴지니라"(롬 8:24-25).

---

104 J. 번연, 유 성덕 역 『천로역정』(크리스천다이제스트, 2012), 66-67.

나가는 말

19세기 말 서구세계에서 문화가 발전하고 윤리와 도덕성이 높아져갔다. 그때 많은 사람들은 세상이 이렇게 되어간다면 머지않아 이 지구상에 하나님의 뜻이 온전히 실현될 수 있는 낙원이 건설될 것이라고 믿었다. 그런데 20세기 초에 인류 역사상 가장 무서운 1, 2차 세계대전이 발발했다. 인간성에 대해서 낙관적인 사상이 팽배했지만 그 결과는 무서운 파멸이었다. 바울이 깨달은 것처럼, 우리의 존재 자체에 뿌리 깊은 죄성이 자리 잡고 있다는 사실이 분명해졌다. 하나님의 영이 우리 속에 비춰주는 조명이 없이는 우리가 지키는 계명과 율법과 하나님의 말씀은 때로 우리로 하여금 교만한 신앙을 가지게 하여, 우리를 하나님으로부터 멀어지게 하는 위험성을 안고 있다. 교리와 신학의 체계가 잘 잡혀 있지만 성령의 조명이 없을 때 더욱 그러하다. 성령의 사역에 의존하지 않고 우리가 세운 교리와 신학과 전통에 의존하다 보면, 그것이 오히려 하나님으로부터 우리를 분리시키고 우리 스스로 속임당하는 무서운 결과를 불러올 수 있다. 바울이 깨달은 것은 인간의 죄성이 뿌리가 깊기 때문에, 예수 그리스도의 피로써 씻음 받고 성령님의 인도를 받지 않으면, 죄성은 우리 안에 망상(거짓된 환상)을 펼치게 하며, 그 결과, 두렵게도, 하나님으로부터 우리가 소외된다는 것이다.

신앙은 일생 동안 끊임없이 탈바꿈하고 성숙해져야 삶의 폭이 넓어지고 깊어진다. 신앙의 성숙은 우리가 죄인이라는 사실을 철저하게 인식하고 회개함으로 이루어진다. 그간 인본주의적이며 낙관적인 인간관에 근거한 우리 교회의 신학과 설교는 위기를 맞고 있다. 60년대에서 80년대 말까지 교회는 급속도로 성장했으나, 그 성장세가 90년대에 들어서면서 둔화되고 정체되기 시작했다. 2000년대에 들어서면서 교회는 마이너스 성장으로 돌아섰고 그 속도가 빨라지고 있다. 그간 교회 지도자들은 교인의 수적, 양적 증가를 추구해 왔다. 그 결과 교회는 수적으로 성장했으나 신앙 성숙의 결여로 교회 안에서 다양한 문제들이 발생하기 시작했다. 양적 팽창의 추구 결과 개교인의 영적 삶에 대한 관심이 부족했다는 지적이 많다. 교회에서 상처 입은 사람들이 교회를 떠나서 교회에 대해서 부정적 비판을 하고 있다. 지금은 우리들이 성숙해져야 할 때이다.

바울서신을 보면 당시 교회들에도 수많은 문제들이 있었음을 알 수 있다. 이 문제들에 대해서 바울은 성경적으로, 신학적으로 그 해결책을 제시했다. 그는 교인들의 미숙함으로 많은 어려움을 겪었다. 그러나 그의 가르침이 교회들을 굳건하게 해서 나중에 로마제국 전체를 변화시키는 역사를 이루었다. 문제가 많은 것이 문제가 아니다. 바울서신 자체가 다양한 문제들이 있음을 전제로 하고 답을 제시한 것이다. 우리는 우리가 당면하고 있는 문제들을 통해서 교회가 성숙해지고 더 나은 교회가 되는 기회로 삼아야 한다. 교회 지도자들은 성경의 계시를 정확하게 파악하고 실천의 방향을 제시할 수 있어야 한다. 이를 위해서 바울의 영성신학이 많은 도움을 줄 수 있다.

우리가 바울의 신학을 연구할 때는 그의 학문과 지식의 체계성, 보편성, 논리성에 감탄을 한다. 그리고 그의 선교를 따라가 보면, 그가 갈등과 핍박과 모든 장애들을 어떻게 극복해 가면서 선교를 1, 2, 3차까지 할 수 있었을까? 놀라게 된다. 바울의 영성을 살펴보면 그는 주님을 지극히 사랑하면서 일생을 살았구나 하는 것을 느끼게 된다. 그래서 바울의 영성은 그 주인을 자신의 생명보다 사랑했던 종의 이야기라고 할 수 있다. 바울은 예수님을 정말 사랑했다는 것을 그의 삶과 영성을 통해 느낄 수 있다. 그는 성령 안에서 그 주인을 사랑하여 변호하고 그를 위해서 싸우면서 그 주인을 위해서 살았다.

무엇보다도, 그는 그 주인의 고통을 자신의 고통같이 느끼면서 그 주인을 위해서 어떤 고통도 거부하지 않았다. 사막 교부들 같은 사람들은 사막으로 들어가 고통을 선택했지만, 바울에게는 고통이 항시 그 주변에 있었고 필연적이었다. 그리고 우리에게 분명한 것은 주님에 대한 그 뜨거운 사랑, 그 사랑이 성령님의 도우심으로 그로 하여금 그러한 삶을 가능하게 했다는 것이다. 그의 위대한 삶의 밑바닥에는 예수님과 하나님에 대한 그의 열정과 사랑이 깔려있다. 그리스도께서 죄인인 우리를 그렇게 사랑하신 것을 바울은 그 누구보다도 깊이 깨달았다: "... 이제 내가 육체 가운데 사는 것은 나를 사랑하사 나를 위하여 자기 자신을 버리신 하나님의 아들을 믿는 믿음 안에서 사는 것이라"(갈 2:20). 바울의 영성은 성령님 안에서 그리스도의 형상을 닮아가는 말씀 공동체 영성이다. 말씀이 전파되면 그 말씀 주위에 사람들이 모이게 되고 그 사람들이 조직된 것이 교회이다. 말씀의 중심은 인간의 본질적 문제인 죄와 죽음을 해결하는 십자가와 영생을 약속하는 부활이며, 그것을 깨닫게 하시는 분은 성령님이시다.

부록

바울 서신 강해 요약

1. 전반적 개요

1) 서신 형식

발신자

수신자

인사 (은혜와 평강)

본론 (교리와 윤리)

작별 인사와 안부 (축도)

2) 본론 내용

서술문 (교리)--- 명령문(윤리)

예)	롬 1-11	12-15
	갈 1-4	5-6
	엡 1-3	4-6

골 1-2　3-4

3) 서신의 분류

초기 서신	살전 살후	종말(회복)론
복음 서신	롬 고전 고후 갈	구원론
옥중 서신	엡 빌 골 몬	기독론
목회 서신	딤전 딤후 딛	교회론

2. 로마서

1) 역사적 배경

57년경 고린도에서 3차 선교여행의 끝무렵 기록

겐그리아 교회의 자매 뵈뵈가 로마 교회에 전달

로마 교인들에게 구원의 진리를 바르게 전하기 위함

스페인 전도를 위한 전진 기지 확보

예루살렘 교회와 이방 교회의 화합을 위한 협조

유명한 회심 구절

13:11-14　어거스틴

1:17　루터

11:36　캘빈

2) 서신의 구조

1:1-17　인사와 감사

1:18-3:20	죄의 보편성
3:21-8:39	이신칭의와 성령 안에서의 삶
9:1-11:36	구원사에서의 유대인과 이방인 관계
12:1-15:13	그리스도인의 윤리
15:14-16:27	결어와 송영

3) 메시지

죄의 보편성과 구원의 필요성

이신칭의

구원의 여정

구원사: 유대인과 이방인

그리스도인의 공동체 윤리

3. 고린도 전서

1) 역사적 배경

55년경 3차 선교 여행중 에베소에서 기록

교회 안에서 파당과 여러 문제들의 발생

2) 서신의 구조

1:1-9	머리말
1:10-4:21	파당과 사역자
5:1-13	음행 문제

6:1-20	법정 소송 문제
7:1-40	결혼 이혼 독신
8:1-13	우상 제물
9:1-27	사도직 변론
10:1-33	우상 제물과 우상 숭배
11:1-34	예배와 성만찬 질서
12:1-14:40	성령의 은사, 사랑, 방언
15:1-58	부활
16:1-24	구제, 선교 계획 및 작별 인사

3) 메시지

세상의 지혜와 하나님의 지혜

교회 지도자에 대한 바른 이해

그리스도인의 신앙과 삶의 지침

성령의 은사

예배 질서와 공동체의 규율

부활의 소망

4. 고린도 후서

1) 역사적 배경

56년경 마게도냐 빌립보에서 기록

교회 내부 문제들에 대한 성경적 가이드 제시

대적자들의 공격에 대한 사도직 변호의 필요

예루살렘 교회를 위한 헌금 호소

2) 서신의 구조

1:1-11	인사와 감사
1:12-2:13	방문계획 변경에 대한 변증
2:14-6:10	사도권 공격에 대한 변호
6:11-7:16	사도적 권면
8:1-9:15	예루살렘 교회를 위한 헌금 호소
10:1-13:10	사도직과 복음을 위한 변호와 경고
13:11-13	끝맺는 인사

3) 메시지

사도권과 정통 복음을 위한 변증

구약 해석의 원리

예루살렘 교회와 이방 교회의 연합

약함의 영성

5. 갈라디아서

1) 역사적 배경

56년경 3차 선교 여행중 마게도냐(혹은 시리아의 안디옥)에서 기록

1차 선교로 갈라디아 지방에 설립된 교회들의 문제들에 대한 성경적 지도와 권면

2) 서신의 구조

1:1-5	문안과 그리스도 찬양
1:6-2:14	사도권의 변증
2:15-4:31	복음의 가르침과 변증
5:1-5:17	그리스도안에서의 자유와 성령의 삶
6:18	축도

3) 메시지

의인론

율법의 본질과 목적

성령 안에서의 삶

6. 에베소서

1) 역사적 배경

62년경 로마 감옥에서 기록된 것으로 추정

3차 선교시 이 도시에서 바울은 3년간 전도(행 20:17-38)

회람 서신

2) 서신의 구조

1:1-2	인사
1:3-14	그리스도 안에서의 통일
1:15-2:10	그리스도의 구원
2:11-3:21	교회 안에서의 인류의 통일
4:1-16	은사의 다양성
4:17-5:21	그리스도 안에서의 새로운 삶
5:22-6:20	그리스도인의 가정생활과 영적 투쟁
6:21-24	인사와 축도

3) 메시지

교회: 그리스도의 몸(1:22-23) 유기적 통일체

성전(2:20-22) 거룩성

신부(5:23-32) 순결성

교회의 통일성: 유대인과 이방인

가정 윤리

악한 영과의 영적 투쟁

7. 빌립보서

1) 역사적 배경

2차 선교 여행으로 유럽에서 세워진 최초의 교회(행 16:11-15)

루디아와 회개한 감옥 간수 중심으로 세워진 교회

두 번에 걸쳐 바울을 재정적으로 지원

2) 서신의 구조

1:1-2	인사
1:3-11	감사
1:12-26	감옥 안에서의 감사와 기쁨
1:27-2:18	복음에 합당한 삶
2;19-30	디모데와 에바브라디도 파송 계획
3:1-4:1	율법주의와 세속적 신앙 경계
4:2-9	성숙한 신앙
4:10-20	선물에 대한 감사
4:21-23	인사와 축도

3) 메시지

그리스도인의 교제와 기쁨

그리스도 찬미가

신앙 성숙의 원리

8. 골로새서

1) 역사적 배경

62년경 로마 옥중에서 기록 추정

소아시아의 교회로서 에바브라가 세움

빌레몬이 이 교회의 교인

종교적 혼합주의가 성행한 지역

2) 서신의 구조

1:1-12	인사와 감사 기도
1:13-20	그리스도 찬양시
1:21-2:7	그리스도의 화평
2:8-23	거짓 복음에 대한 경계
3:1-17	그리스도인의 영적 삶
3:18-4:1	가정 윤리
4:2-6	기도 생활
4:7-18	동역자들과 바울의 문안 인사

3) 메시지

이단과 사이비 신앙 경계(영지주의, 유대주의, 세속주의)

그리스도의 본성과 화평 사역

참된 영성

9. 데살로니가 전서

1) 역사적 배경

2차 선교 여행시 세운 교회(행 17:1-9)

50년경 바울이 동역자들(실루아노와 디모데)과 함께 고린도에

서 편지 보냄

최초의 서신으로서, 그릇된 종말론에 사로잡힌 교회에 보낸 서신

2) 서신의 구조

1:1-10	인사와 감사
2:1-16	사역에 대한 변증과 교인들에게 격려
2:17-3:13	사역자들의 관심과 기도
4:1-12	복음의 윤리적 요청
4:13-18	재림이전에 죽은 자들의 운명
5:1-11	재림에 관한 교훈과 경고
5:12-28	공동체의 윤리 지침과 기도

3) 메시지

재림 이전에 죽은 자들에 관한 교훈

종말적 삶의 자세와 영성

천국의 소망

10. 데살로니가 후서

1) 역사적 배경

50년경 고린도에서 실루아노와 디모데와 함께 기록

전서와 2-3개월의 시간적 간격있음

2) 서신의 구조

1:1-2	인사
1:3-12	하나님의 의로운 심판
2:1-12	재림과 적 그리스도
2:13-3:15	종말적 삶을 위한 교훈
3:16-18	인사와 축도

3) 메시지

임박한 종말 미혹에 대한 경계

재림의 때와 적 그리스도

그릇된 종말 신앙으로 인한 문제 경계

11. 디모데 전서

1) 역사적 배경

63년경 마게도냐에서 기록된 것으로 추정

디모데는 2차 선교 여행때 부터 바울과 동역함(행 16:1-3)

디모데는 에베소 교회 목회함

2) 서신의 구조

1:1-2	인사
1:3-11	거짓 교훈에 대한 경고
1:12-20	사도 자신에 대한 소개

2:1-3:16	공중 예배와 감독과 집사 직분의 자격
4:1-5:25	목회자의 자세와 지침
6:1-19	참된 경건
6:20 -21	권면과 축도

3) 메시지

교회 직분의 자격과 임무

거짓 교사의 정체

경건의 비밀

12. 디모데 후서

1) 역사적 배경

65년경 로마 옥중에서 기록 추정

바울의 최후 서신

2) 서신의 구조

1:1-5	인사와 칭찬
1:6-2:13	고난 가운데서의 믿음
2:14-26	주의 종의 자세
3:1-13	말세의 증후와 박해
3:14-4:8	진리의 전파와 상급
4:9-18	개인적 부탁과 권면

4:19-22	인사와 축도

3) 메시지

복음 전파자의 고난과 상급

성경의 권위

말세의 증후와 삶의 자세

13. 디도서

1) 역사적 배경

64년경 마게도냐에서 기록 추정

디도가 사역한 그레데 교회의 조직과 문제

디도는 헬라인으로서 회심하여 2차 선교 여행 때부터 바울과 동역함

2) 서신의 구조

1:1-4	인사
1:5-9	장로의 자격
1:10-16	거짓 교사들에 대한 경계
2:1-15	지도자의 임무
3:1-11	건전한 교회를 위한 지침
3:12-15	권면과 인사

3) 메시지

교회 직제와 제도

지도자의 책무

건전한 교리의 중요성

14. 빌레몬서

1) 역사적 배경

62년경 로마 옥중에서 기록 추정

노예 오네시모와 그 주인 빌레몬

2) 서신의 구조

1-3	인사
4-7	칭찬
8-21	오네시모를 위한 간구
22-25	개인적 부탁, 문안과 축도

3) 메시지

법과 용서

그리스도 안에서의 새로운 관계

참고문헌

Achtemeier, P. J. Romans(Louisville: Westminster John Knox, 1985)

Augustine, 선한용 역, 『성 어거스틴의 고백록』(대한기독교서회: 2015)

Barrett, C. K, "Paul's Opponents in 2 Cor" NTS 17 248

_______, The First Epistle to the Corinthians(New York: Harper & Row, 1968)

_______, The Second Epistle to the Corinthians(New York: Harper & Row, 1973)

Beck, J. R. The Psychology of Paul(Grand Rapids: Kregel, 2002)

Best, E., Second Corinthians(Atlanta: John Knox Press, 1987)

Bruce, F. F. 이길상 역 『바울과 예수』(아가페출판사, 1988)

Bultmann, R. Existence and Faith(Living Age Books, 1964)

Bunyan, J. 유성덕 역, 『천로역정』(크리스찬다이제스트, 2012)

Burton, E. W. The Epistle to the Galatians(Edinburgh: T & T Clark, 1980)

Calvin, J. The Second Epistle to the Corinthians and Epistles to Timothy, Titus, and Philemon(R. Cunningham & Sons, 1964)

Conzelmann, H. I Corinthians(Philadelphia; Fortress Press, 1981)

Cox, D. Jung and St. Paul: A Study of the Doctrine of Justification by Faith and Its Relation to the Conception of Individuation(Longmans: Green and co., 1959)

Crabb, L. 정정숙 역 『성경적 상담학』(총신대학출판부, 1994)

_______, 오현미 역『기독교 상담 심리학』(나침반, 1994)

Craig, C. T. The Beginnings of Christianity(New York, 1943)

Dunn, J. D. G. "Pauline Theology" in The New Testament Today M. A. Powell ed., (Louisville, KT: Westminster John Knox Press, 1999)

Edwards, J. R. Romans(Peabody, MA: Hendrickson, 1998)

Fee, G. D. God's Empowering Presence(Peabody: Hendrickson, 1994)

_______, 길성남 역 『바울, 성령, 그리고 하나님의 백성』(좋은씨앗, 2007)

Grosheide, F. W. The First Epistle to the Corinthians(Grand Rapids: Eerdmans Publishing Co, 1980)

Hock, R. F. 전경연 역, 『바울 선교의 사회적 상황』(대한기독교출판사, 1989)

Horsley, R. 이준모 역, 『예수 운동』(한국신학연구소, 1993)

Hughes, P. E. The Second Epistle to the Corinthians(Grand Rapids:

Eerdmans Publishing Co, 1982)
Jung, C. G./Hall, C. S. /Jacobi, J. 설영환 역, 『융 심리학 해설』(부산: 설영사, 1995)
Kaesemann, E. Commentary on Romans(Grand Rapids: Eerdmans, 1986)
Kilner, J. F. "Pauline Approach to Ethical Decision-Making" Interpretation 43/4 (1989)
Lindblom, J. Prophecy in Ancient Israel(Philadelphia: Fortress Press, 1980)
Loder, J. 이기춘/김성민 역, 『종교체험과 삶의 변환』(한국신학연구소, 1998)
Mack, B. 유태엽 역, 『수사학과 신약성서』(나단:1993)
McBurmey, L. 윤종석 역, 『사역자 상담』(두란노, 1995)
Meeks, W. The First Urban Christians: The Social World of the Apostle Paul(New Haven: Yale University Press, 1983)
Metzger, B. M. 나채운 역, 「신약성서개설」(대한기독교출판사, 1987)
Moore, R. L. "Pauline Theology and the Return of the Repressed: Depth Psychology and Early Christian Thought" Zygon 13 no. 2 (1978)
Murray, J. The Epistle to the Romans(Grand Rapids: Eerdmans, 1980)
Nock, A. D. Conversion: the Old and the New in Religion from Alexander the Great to Augustine of Hippo(Oxford: Clarendon Press, 1933)

Nygren, A. Commentary on Romans(Philadelphia : Fortress Press, 1984)

Parker, S. B. "Possession Trance & Prophecy in pre-exilic Israel" VETUS TESTAMENTUM 28(1979)

Peace, R. V. 김태곤 역, 『신약이 말하는 회심』(좋은씨앗, 2001)

Robertson, A & Plummer, A. First Epistle of St. Paul to the Corinthians(Edinburgh: T & T Clark, 1978)

Rubenstein, R. L. My Brother Paul(N. Y.: Harper & Row, 1972)

Scroggs, R. Paul for a New Day(Philadelphia: Fortress Press, 1977)

Segal, A. F. "Paul and Ecstasy" in SBL 1986 (Atlanta: Scholars Press, 1986)

Soards, M. L. "The Life and Writings of Paul", in The New Testament Today(Louiville: Westerminster John Knox Press, 1999), M. A. Powell, ed.

Tarachow, S. "St. Paul and Early Christianity: A Psychoanalytic and Historical Study," in Psychoanalysis and the Social Science ed. G. Roheim, W. Muensterberger and S. Axelrad(New York: International Univ. Press, 1947-58), vol.1-5

Theissen, G. Psychological aspects of Pauline Theology(Philadelphia: Fortress Press, 1987)

________, Sociology of Early Palestinian Christianity(Philadelphia: Fortress Press, 1978)

________, The Social Setting of Pauline Christianity(Edinburgh: T & T Clark, 1982)

Urbach, E. E. “Class-status and Leadership in the World of the Palestine Sages", Proceedings of the Israel Academy of Science and Humanities(Jerusalem: 1968)

Wilson, R. R. "Prophecy and Ecstasy: A Reexamination" JBL 98/3 (1979)

심상법, 「바울의 영성」(생명의 말씀사, 2012)

유해룡, 『하나님 체험과 영성수련』(장신대출판부, 2009)

이상욱, 『수사학으로 로마서 읽기』(한들출판사, 2008)

전경연, 『고린도전서』(성서교재간행사, 1989)